天津市高校新时代“课程思政”改革精品课；
天津市一流本科建设课程。

人文素质拓展导读

主编：岳游松　孙晓华　安明焘
副主编：赵洁　杨玉　李圆　王笑梅

天津社会科学院出版社

图书在版编目（CIP）数据

人文素质拓展导读 / 岳游松，孙晓华，安明焘主编
. -- 天津 ：天津社会科学院出版社，2020.12
ISBN 978-7-5563-0711-1

Ⅰ. ①人… Ⅱ. ①岳… ②孙… ③安… Ⅲ. ①人文素质教育－高等学校－教材 Ⅳ. ①G40-012

中国版本图书馆CIP数据核字(2020)第260282号

人文素质拓展导读
RENWEN SUZHI TUOZHAN DAODU

出版发行：天津社会科学院出版社
地　　址：天津市南开区迎水道7号
邮　　编：300191
电话/传真：（022）23360165（总编室）
（022）23075303（发行科）
网　　址：www.tass-tj.org.cn
印　　刷：北京建宏印刷有限公司

开　　本：787×1092　毫米　1/16
印　　张：8.75
字　　数：125千字
版　　次：2020年12月第1版　2020年12月第1次印刷
定　　价：68.00元

目 录

第一章　新时代的呼声:人文素质与学识基础的广培厚植

第一节　人文素质拓展是高等教育中的重要一环

一、新时代对大学生人文素养的要求

人文素质是一个很宽泛的概念。古今中外,先贤大家,无不追寻高尚的志趣,强调人文素质的提升,注重培养崇高的情怀和博雅的胸襟。从中国古代“养天地正气、法古今完人”,到西方哲人追求的“所有所学,皆成性格”,人类对于知识的渴望、对于真理的追求、对于正道的探索,一刻都没有停止。对于我们青年大学生而言,提升人文素养是塑造性格、陶冶身心的有效途径。

人文素质拓展的根本追求是我们自身的成长完善。我们都知道,“修身”是我们参与社会生活、实现人生价值的重要基础。特别是生活在新时代新中国的我们,提升人文素养不仅有着充分的机会,而且是时代给我们提出的必然要求。中国共产党的根本宗旨“为人民服务”“以人为本”,它已经深深根植于我们国家和社会治理实践的方方面面。人的全面发展是“以人为本”的重要体现,大学生不断提升人文素质,建立正确

的价值追寻,探索新事物、开辟新领域,就是时代对我们提出的要求。

习近平总书记要求当代青年要练就过硬本领,锤炼品格修为。人文知识是有温度的,人文素质的养成是循序渐进的长期过程①。希望这门课程能够帮助你了解新时代大学生人文素养知识体系的基本面貌,掌握更多科学的思维方法,培养辩证的、全面的、实事求是的思维方式,让你的课余生活更加充实,让你的休闲方式更加积极,让你的眼界焕然一新,将理想信念和意志品质培养得更加坚定。

本书的读者朋友,大都有一个共同的身份:大学生。历经了十二年寒窗苦读,经历了高考的激烈竞争,升入高等学府的你们,正在经历怎样的学习阶段,需要培养什么样的人文素质,又该为实现社会价值和个人价值做哪些准备呢?

二、高等教育的发展与人文素养的培育

以各级各类高等院校为主要载体的高等教育,是现代社会培养人才的重要方式。一方面,高等教育是学校教育中的重要环节,以初等教育和中等教育为基础,是之前学段的提升和延续;另一方面,高等教育是我们进入社会生产领域、从单纯的消费者转变为生产者,所经历的最高的也是最后的学校教育阶段(因为本科生教育和研究生教育都属于高等教育,而参加工作后的继续教育一般不再认为是成体系的学校教育了)。这样的特性决定了高等教育必须以社会对人才的需求为风向标,也在相当程度上塑造着高等教育的变化发展过程以及具体形态。

一般认为,世界第一所现代大学是创办于 1810 年的柏林洪堡大学。1895 年创办的北洋大学(今天津大学)是中国人自主创立的第一所近代大学。1898 年戊戌变法过程中建立的京师大学堂(今北京大学),是我国第一所近代国立大学。

虽然近代大学出现的时间比较晚,但是遍观古今中外,高等教育一直在世界各主要文明演进发展的历程中发挥着重要作用。早在公元前 4 世

① 陈锡喜.平易近人:习近平的语言力量[M].上海:上海交通大学出版社,2014.

纪，古希腊哲学家柏拉图在雅典城外创办“学园”，成为西方世界最早一批高等学术机构之一，如今，“高等学术机构”的英文单词“academy”就源于此。

几乎同一时期，我国战国时期伟大的思想家孟子谈道，“谨庠序之教，申之以孝悌之义，颁白者不负戴于道路矣”（《孟子·梁惠王上》），“庠序”泛指古代中国的教育体系，其中就包括作为高等教育机构的“上庠”。中国古代历史各阶段，各种官办或民间设立的高等教育机构层出不穷，如“泮宫”“太学”“学宫”“书院”“国子监”等[①]。其中最负盛名的当属初创于五代、兴盛于北宋的“四大书院”。其杰出代表是位于湖南长沙的岳麓书院。其门前的楹联“惟楚有才，于斯为盛”，展现出中国古代知识分子为国聚才、经世致用的抱负，昭示着中华文明生生不息的传承，是我们民族宝贵精神财富的象征。

无论东方还是西方，古代高等教育主要致力于服务权贵阶层，致力于培养“全才”“完人”。在中国古代，孔子循周礼而具“六艺”，意思是说，君子应当具备“礼、乐、射、御、书、数”六种技能。这简单的六个字，包含了宗法礼教、音律礼仪、军事技能、文学美术、工艺算学等多重内容，而这还仅仅是成为“君子”的起码要求。西方在步入近现代以前的高等教育，具有“博雅教育”的特征，通俗而言，有些“什么都学、什么都会”的意味。且不说古希腊时期一众著名学者，单论文艺复兴和启蒙运动中的代表达芬奇、狄德罗等，都拥有诸多跨越现今学科分类的研究成果，有时跨越程度之大让我们至今仍有不可思议之感[②]。近代西方还诞生了一批“博物学家”，其中的代表人物当数生物进化论的提出者达尔文和“大陆漂移学说之父”魏格纳。按照今天的分类，我们将他们视为生物学家和地理地质学家；但在当时，他们的研究范畴要远超出这两门学科，甚至涵盖了自然史和科学技术史领域的诸多内容。不过，“博物学”作为一门学科，自19世纪初开始走向衰落。出生于1929年的美国人爱德华·威尔逊，被

---

① 瞿林东. 中国古代史学十讲[M]. 北京：北京出版社，2017.

② 伊格尔顿. 牛津通识读本：人生的意义[M]. 朱新伟，译南京：译林出版社，2012.

称作是“世界上最后一位博物学家”。至此,不论是东方还是西方,“全才”这一概念似乎已消失在历史的长河中了。

通过梳理东西方古代高等教育的源流,我们不难发现,重视人的全面发展、关注学生科学和人文综合素质的培养提升,是大学教育的初心。但是,为什么我们现在接受的高等教育却以专业教育为主要架构呢?原因主要有三。

首先,生产力的巨大发展极大拓展了人类知识的边界,同时也使我们遇到了暂时的“瓶颈期”。人类社会的知识库越来越庞大,新兴学科层出不穷,全新的知识和规律被发现、被纳入人类的实践范围,人类社会结构愈加复杂,治理经验和经济、社会活动规则也愈加复杂。作为种群,人的认知能力是不断向前发展的;然而作为个体,人穷其一生能够掌握的知识、能够研究透彻的问题,显然是非常有限的。庄子说“吾生也有涯,而知也无涯”(《庄子·内篇·养生生》),其实就透露着这种无奈。第二次科技革命之后,特别是二战后,自然科学和社会科学的学科体系日臻完善,大量的交叉学科、前沿学科层出不穷,一个人要想掌握异乎寻常的广博的知识,简直是天方夜谭。这是就广度而言。反观研究深度,也是如此。虽然当今人类科技仍然稳步前进,许多前沿科技成果迅速产业化并造福百姓,但是,自 20 世纪初爱因斯坦提出相对论以来,基础自然科学,尤其是理论物理学、高等数学等学科,已经一百多年没有革命性的突破了,也就是说,基础自然科学领域暂时陷入了停滞。诚然,这并不意味着人类的认知能力达到了极限,然而想要突破这个“瓶颈期”,肯定需要长期艰苦的探索。总地来说,文明的发展已经初步实现了击溃蒙昧、消弭黑暗的任务,而正在向更广阔的领域、更精深的层次发展了。人类处在这样一个历史阶段:标榜“全知全能”无疑是一种自负;想要取得更大的成就,势必要在高等教育领域构建起更为专业化、精细化的研究实践体系。

其次,社会生产分工的不断细化在相当程度上塑造了高等教育人才培养的专业划分模式。第二次科技革命除了将人类带入电气时代,还产生了一种影响极其深远的工业生产组织模式,即流水线生产方式。这一时期，美德等国的大型工厂不断加强自身精细化管理，在大规模工业生产的实践中逐步形成了一套完整的工业管理体系，促进了现代管理科学的诞生。劳动者不再需要掌握全部的生产流程，只需要不断熟练自己负责的生产环节，通过分工合作就可以完成整个制造流程。生产的环节越复杂，分工的精密程度也就越高，对于专业化人才的需求程度也就越高。这促使高等教育也朝着专业分工明确的方向发展，并不断派生各种分类细致的应用型专业，以适应社会分工的发展要求。这对社会生产力的进步当然是善莫大焉，但也给人才的全面均衡发展带来了一定的局限。在这方面，马克思主义给出了非常详尽的论述。马克思主义认为，“人的全面发展”蕴含着一般性和特殊性的统一，这种双重意蕴不是单一的、抽象的，而是辩证的、唯物的。人的发展应当符合其类本质的要求，也就是“一切社会关系的总和”，而不应该被局限于某种社会关系，更具体地说，不应该被局限于某个生产环节当中。“人，本质上就是文化的人，而不是‘物化’的人；是能动的、全面的人，而不是僵化的、‘单向度’的人”①。这充分体现着“以人为本”的思想，表明人应当是目的，而不应成为手段。从这个意义上看，社会分工导致的高等教育人才培养模式专业化，既是时代的要求，又透露出些许无奈。

最后，现当代高等教育的普及发展，强化了专业教育模式。1973 年 6 月，美国学者马丁·特罗将高等教育受众群体的扩展划分为三个阶段：精英化阶段、大众化阶段、普及化阶段。一般认为。高等教育毛入学率 15%以下为精英化阶段，15～50%为大众化阶段，50%以上为普及化阶段。根据教育部发布的相关数据，2019 年，我国高等教育毛入学率达到 50%，开启了由大众化向普及化转型的关键时期。如果说高考是高等教育的入口，那么就业就是高等教育的出口。50%以上的毛入学率，就意味着高等教育要为 50%以上的适龄人口提供谋生技能。这要求高等教育的教学组织以就业为导向，更加适应社会的人才需求。因此，高校需要不断调整

---

① 罗伯特·C·艾伦. 牛津通识读本：全球经济史［M］. 陆赟，译. 南京：译林出版社，2015.

和专业划分，对开设专业进行取舍，使专业教育朝着更科学、更适应社会生产领域要求的方向发展。

三、人文素质培养的契合点：知识爆炸与自我提升

高等教育的专业化发展，与大学生人文综合素养的培育并不矛盾。相反，培养学生综合能力，已经成为扎根中国办好高等教育的关键环节。我国古代典籍《大学》开宗明义地讲："大学之道，在明明德，在亲民，在止于至善。"它告诉我们，想要做大学问，就要孜孜不倦、永无止境地求索大道理，反映了对于真理的渴求和对于人的全面发展的向往。党的十八大以来，习近平总书记多次强调，我国高等教育肩负着培养德智体美全面发展的社会主义事业建设者和接班人的重大任务，高校立身之本在于立德树人。社会的发展也在不断对高等教育人才培养模式提出新要求，希望大学毕业生不仅具有深厚的专业基础，同时也能具备广博的知识及能力视野，也就是成为我们常说的"一专多能"的"T"字型人才①。如今国内许多高校开展学部制、书院制试点，尝试开办大学科门类的实验班级，用一到两年的时间学习通识课程和基础课程，之后再进行专业课程的学习并尝试开展研究实践，就是对这种趋势的适应。

具体到我们自己，有一句古话，叫"艺多不压身"。如今职场盛行"斜杠青年"，看似一种调侃，实际上体现着社会新锐力量对拓展自身综合能力素质的渴求。大学也许是学历教育的终点，却恰恰是终身学习的起点。大学时光是一段可以专心吸吮知识养分，沉下心来多读几本好书、多学几样本领、多培养一点兴趣爱好的青葱岁月。用这一段时间打下人文综合素质的基础，才能在走向社会后游刃有余地面对工作任务，给自己新的机会，尝试全新的领域，拓展人生的宽度。北宋书法家黄庭坚有言："一日不读书，尘生其中；两日不读书，言语乏味；三日不读书，面目可憎"；现代著名文学家在他的短诗《炉中煤》中写道："轮船要煤烧，我的大脑，每天都要三四立方米的新思潮"，无不体现着对新知的殷殷热望。人文素质

---

① 高鸿业. 西方经济学[M]. 北京：中国人民大学出版社，2010.

基础的广培厚植,是大学生活中宝贵的动力源泉,不仅可以给大学四年的光阴增添亮色,也能够成为今后人生道路上积极成长的出彩的第一步。

第二节　大学人文素养教育概述

大学生综合素质是一个宽泛的命题,既涵盖课程教学层面,又涵盖学生工作和德育层面。具体到学生服务管理领域,培育大学生综合素质,就是要以马克思主义的观点影响和引导学生,深入贯彻落实习近平总书记在哲学社会科学工作座谈会和全国高校思想政治工作会议上的重要讲话精神,宣传新中国成立以来,特别是改革开放以来,我国哲学社会科学研究的杰出成就,展现中国观点、发出中国声音、弘扬中国气派。其主要目标,就是要使大家通过学习,养成立足国情、立足实际、理性分析思考热点问题的习惯,形成自主作出正确价值判断的能力。

一、人文素质拓展课程的指导思想

综合素质最终以认知的形式表现出来,必须树立旗帜鲜明的思想导向。这不仅是保证学生培养正确方向的需要,也是增强实务思想政治工作理论性的需要。我们的课程需要以马克思列宁主义、毛泽东思想、邓小平理论、"三个代表"重要思想、科学发展观、习近平新时代中国特色社会主义思想为指导,重点突出以下思想内涵。

1. 马克思主义指导思想

马克思主义是关于无产阶级解放和人类发展的学说,具有实事求是和与时俱进的品质,展现出强大的生命力。马克思主义揭示了社会历史发展规律,强调主观与客观辩证统一的关系,是人们认识世界、改造世界的有力思想武器。马克思主义作为中国共产党人的最初信仰,是党治国理政必须坚定捍卫的思想旗帜,对于当代中国的发展仍具有深远意义。坚持马克思主义指导思想,是坚持正确政治方向、发挥思想政治教育功能的根本前提。

2. 中国特色社会主义共同理想

中国共产党从成立早期就开始了对马克思主义普遍原理同中国革命具体实践相结合的艰辛探索。实践证明,中国特色社会主义是指导中国革命、建设、改革事业不断前进的唯一正确通路。进入新时代,中国特色社会主义共同理想的主要内涵可以归结为:建成富强、民主、文明、和谐、美丽的社会主义现代化强国,实现中华民族伟大复兴的中国梦。中国特色社会主义共同理想是团结、动员青年学生为祖国美好明天努力奋斗的思想动力,同时是需要大力倡导的价值理念。

3. 以爱国主义为核心的民族精神

中华民族在长期共同生活当中,特别是在近代以来共同反抗帝国主义侵略的斗争中,形成了以爱国主义为核心的民族精神。中华民族的民族精神和民族意识,真正觉醒于鸦片战争期间。中国共产党在领导中国人民打败帝国主义侵略、推翻封建主义和官僚资本主义反动统治的过程中,形成了井冈山精神、延安精神、西柏坡精神、沂蒙山精神等一系列宝贵的爱国主义精神财富,体现了共产党人服务人民、依靠群众、排除万难、争取胜利的精神境界和价值追求。大学教育帮助学生树立这种思维素养并建立相应的价值追求理念,需要引导学生理性爱国,积极为祖国建设贡献自己的力量,以科学系统的方式展现爱国主义民族精神的实质与内核。

4. 以改革创新为核心的时代精神

改革创新精神是我们在发展中国特色社会主义的伟大实践中所形成的宝贵精神财富,是时代精神的集中体现。习近平总书记指出,“我们要大力弘扬与时俱进、锐意进取、勤于探索、勇于实践的改革创新精神”。新时代改革创新精神,不仅体现在经济建设层面,更体现在党的建设、公共治理、文化强国建设等政治、社会生活的方方面面①。大学生作为新生代力量,在改革创新的竞争中拥有独特优势,并能够大有作为。综合素养

---

① 黄群惠. 新中国管理学研究 70 年[M]. 北京:中国社会科学院出版社,2019.

教育的目标，在于鼓励学生的创新精神，尊重学生的首倡行动，传授创新方法，开阔创新思维，激发学生敢拼敢闯、敢为人先的青春正能量。

5. 以社会主义核心价值观为导向的价值追求

社会主义核心价值观以高度概括的 24 字，阐释了国家、社会和个人的应遵循的价值取向和追求，起到凝聚人心、提振自信的作用，微言大义，旨深趣远。社会主义核心价值观指明了先进的目标和方向，是构建中国话语体系、确保中华民族自立于世界民族之林的重要思想源泉。社会主义核心价值观是学生需要具备的精神内核与灵魂所在。

二、人文素质拓展课程的学习路径

1. 由素质、认知到实际行动

关心国家大事，维护国家形象。当今世界，风起云涌；祖国发展，一日千里。当代中国青年学生决不能沉浸在自己的小天地中"两耳不闻窗外事"；要充分利用多元化的信息手段，关注党情、国情、世情发展，打开视野，告别懵懂，培育成熟正确的三观。作为中国人，应当树立起自尊心和自信心，用开放的心态面对多彩的世界，展现文明古国礼仪之邦的气派。习近平总书记引用韩非子的话说，"国之交在于民相亲"，大学生要认识到每个人的言行举止，都关乎国家尊严，民族形象。立足自身本职，积极乐观生活。人类历史的趋势唱响了和平与发展的主旋律。要通过多种途径培育学生对于时代形势的清晰认知：对于生活在新时代中国的学生而言，学生的思想觉悟在大多数情况下，可能并不意味着生与死、血与火的极端考验，而是意味着每一天的充实勤恳、尽职尽责的工作。培养学生"闻过则喜""日迁一善"，追求美好、追求进步的健康心理状态，帮助学生在学习当中不断提升自身能力，在生活中保有一份热忱，尽己所能帮助身边需要帮助之人，完成好作为一名学生的主要学习任务，展现当代大学生的风采。也引导学生将自身发展与社会需求结合起来，达到人的个体价值与社会价值相统一，真正满足"自我实现"的内心需要。

坚持信义为本，重视道德修炼。合理的价值判断，不是凭空作出的。

它一定要基于我们日常的生活经验和处世方式。“义利观”是中国传统文化当中探讨广泛的一个话题。很难想象，一个见利忘义、品行不端的人能够成为一名爱国者。道德与法治，实质上是国家和社会共同认可的价值指引。严公德、守私德、与人为善，遵循社会规范，使学生自觉投身到时代建设的热潮当中去。

2. 由素质、认知到正确价值判断，由客观到主观，由行动到思想，是人类认识事物的一般规律

由爱国行动到爱国主义，将爱国主义作为毕生的价值追求，是大学生提升品位、走向社会并拥有立足之地的不二法门。为了做到这一点，要教育学生坚持三个价值取向，反对三个价值取向。坚持国家、集体、个人相统一，反对极端利己主义。我们常说的“家国情怀”和“修身齐家治国平天下”的人生境界，是对待国家、集体、个人关系的正确取向。国家和集体的发展需要每一个个体齐心协力，个体利益的满足则必须依托国家和集体的平台，这是再简单不过的辩证关系。孔子说，“己欲立而立人，己欲达而达人”(《论语·雍也》)，告诉我们，除了关注自身发展，还要为他人、社会乃至国家的发展提供便利、做出贡献，在国家利益与个人利益产生冲突时有顾全大局的思想觉悟，达到践行爱国主义的要求标准。但现实生活中，偏偏有个别人要反其道而行之。2007 年，北京大学教授钱理群先生撰文痛陈中国大学中存在一些“绝对的、精致的利己主义者”。他们的一切行动只为一己私利，替别人办事必须按劳取酬，更不要提顾及公共利益了。这些人不明白一个最基本的道理，覆巢之下，焉有完卵。学生要认识到，如果任由“精致的利己主义者”巧取豪夺，终致“国将不国”，还谈什么“利己”呢?!

坚持权利自由与责任义务相统一，反对极端自由主义。我国的公民权利具有广泛性、现实性、平等性和一致性的特点。宪法和法律赋予公民各项权力和自由，并保障它们能够被行使。我们知道，法治社会的基本原则之一是权利与义务相统一。行使权利必须依法合规，遵从公序良俗。但是个别人偏偏假“自由”之名肆意妄为，陷入极端自由主义的怪圈。他们或借“维权”的名义大闹公共场所，对他人毫无尊重；或借“言论自由”的名义在网上发表不负责任的言论，甚至辱骂先烈、造谣生事。等待他们的必将是法律的惩戒。他们的丑行也提醒着我们每一个人，遵法纪、守规矩，合理正当使用和维护权利，积极主动履行责任义务，应该是爱国者需要具备的价值判断能力。

坚持历史与现实相统一，反对虚无主义。爱国源于对国情的清醒认识，源于对国家和民族的强大信心。道路自信、理论自信、制度自信、文化自信，是支撑起爱国主义价值信念的精神柱石。以虚无、解构甚至全盘否定的手法，对国家和民族的妄自菲薄，可以说是一种犯罪①。清代思想家龚自珍说：“欲要亡其国，必先亡其史，欲灭其族，必先灭其文化。”关于这一点，可谓“殷鉴不远”。人类历史上第一个社会主义国家苏联，正是毁灭在对于自身革命、建设的历史与现实的全盘否定上。由此可见，虚无主义是我们在高扬爱国主义旗帜的同时，必须警惕的错误价值取向。

第三节　人文素质拓展与新时代大学生

人文素质拓展课程的学习是个“引子”，目标是全面调动大学生的学习积极性。我们的课程尊重个性差异，推动全面发展，最大化张扬学生的主体精神，促使学生对教育更加具有参与性和选择性，展现教育的自主、自由和自觉等属性，让学生的资质和才情充分提升，全面贯彻以人为本的理念，实现提升学生综合素质的目标，培养学生的健康个性和创新精神，革新教育思想、培养目标和管理体制，有计划地将学生素质拓展的各种活动纳入专业课程的思政教育内容中，确保人文素质拓展活动课程与“课程思政”互为表里，为人才素质及其思想意识培养保驾护航。

要将人文素质拓展坚持一切以学生为主体，按照学生身心发展需求设计教育活动。人文素质拓展课程遵循以人为本、尊重学生个性差异和

① 艾思奇. 大众哲学[M]. 北京：民主与建设出版社，2016.

促进学生全面发展的原则，同学们在学习过程中拥有更多的选择权，从学习时间、学习方式到学习内容，我们不设限、不进行繁冗的考核活动，而是注重培养健康个性、创新精神和思想觉悟，提高人文素质以及思想道德境界。我们的课程与思政课、通识课紧密联系，但是又不同于前两者。围绕学生身心与思想健康发展建立起一条龙的教育流程，按照专业培育目标、综合素质要求以及思政教育准则相互协调和统一的思路，培养出具有深厚的专业理论知识和技能、宽广的自然科学和社会科学常识背景、坚定的政治思想方向的“又红又专”的人才，进而有目的、有步骤地展现“课程思政”与人文素质拓展课程融合的组织性、计划性和系统性。

一是践行全面发展的核心理念。思想是行动的先导，课程思政承担着思想教育的职责，人文素质拓展课程则是行动的体现，知行合一是“课程思政”与人文素质拓展课程相互融合的出发点和归宿，教育的目的在于关怀与保障人的全面发展。务必着眼于加强对学生的人文关怀，促进其人格健康发展，强化学生的社会适应力和可持续发展的能力。融合过程中一切要以学生个性和身心发展为主，将人文素质教育放在行为培养中的基础和优先发展地位，将课程思政置于思想教育中的突出地位，以此作为高校人才培养模式个性的切入点，大力加强人文素质教育和“课程思政”建设。

二是围绕综合素质，协调“课程思政”与人文素质拓展课程建设，统合学生综合素质培育，优化“课程思政”教育资源配置。人文素质教育在于加强大学生文学、历史和哲学等人文社会科学的教育，人文素质拓展课程则是要用实践活动来培育学生的人文素养。这种技能培育和能力提升，主要面向生产、建设和管理、服务等一线人才需求，帮助学生获取敬业精神、人文关怀精神、团队协作意识和创新创业能力等，解决以往大学教育中存在的专业知识传授和社会主义价值引领脱节等负面倾向，增强学生的社会适应能力和就业竞争力。所以课程思政和人文素质拓展课程应该实现融合，将社会主义价值引领和专业知识传授延伸到素质拓展课程活动中，将思想政治工作贯穿于整个教育教学过程中，建立起课程思政与人文素质拓展课程的协同育人机制，为整体提升高校学生思想政治教育工作和人文素质拓展工作的水平提供思路。

三是加强和改进大学生思想政治教育，大力增强教育实效，坚定学生的理想信念。习近平总书记在全国高校思想政治工作会议上指明，新时期高校大学生思想政治教育要贯穿于整个教育教学过程中，坚决贯彻立德树人的教育理念，促使社会主义核心价值观融入教书育人的过程中，将学科特色优势和学术文化理念整合进思想政治教育资源的范畴中来，实现人文素质和思想政治教育协同育人。人文素质拓展课程教学，希望与共同努力，让思想政治教育活跃起来，更加有趣，更加贴近学生的日常生活和所思所想，在对于人文知识、社会历史进程、自我认知等方面的综合研究探讨之中，通过比较分析，坚定理想信念，培养积极乐观的心态，成就有价值的人生。

四是线上线下相结合，贴近学生的认知方式。人文素质拓展课程希望满足同学们充满个性的多样需求，凸显多样化和个性化。故而，教师要将线上线下、教学和自学结合起来，帮助学生发现自己的兴趣点。如果学过这门课程之后，你能够找到属于自己的高尚生活趣味和爱好，那就是我们在塑造品格、培养人文精神方面迈出的可喜一步。

爱国、敬业、诚信、友善。短短八个字，高度概括出社会主义核心价值观个人层面的价值追求，也为培育大学生思想综合素质指明了方向，那就是将思想品德素质内化为价值判断的标准与法则，脚踏实地走好自己的人生路。

第二章　修身律己　塑造品格

从“人猿相揖别”到“同住地球村”，人类文明历经了数万年的发展，日臻成熟，接续发展，创造了令人都叹为观止的文化成果。文化是人类在自然界中卓尔不群的标志。广义上讲，文化是指人类对自然界进行改造的过程及其所留下的物质、精神印记和由此建立的独特的生活方式；狭义上讲，文化特指这一过程中人类精神思想和社会心态的形成、丰富、发展和完善。

世界文化因各人们生活地域、自然环境、心理素质、风俗习惯等方面的差异，呈现出异彩纷呈的特点。世界各主要民族的文化都具有上千年乃至数千年的演进历史，虽历经坎坷，但直至今日依然历久弥新，蓬勃发展，成为维系民族国家的重要纽带。

如果文化是一定群体当中每个人思想、行为的凝练萃取，相反地，文化成果也会反作用于社会当中的每一名成员。我们自觉接受文化的熏陶，树立起文化自信，形成符合社会要求的价值观的过程，也是我们悦纳自己、砥砺品格、形成人生价值的过程。个人与社会，在品格修为的形成中，实现了统一。

第一节　自信、慎独、仁爱：中国传统文化的品格启示

一、中国传统文化简述

中国传统文化是世界文化百花园中的一枝奇葩，曾经长期处于世界领先地位。伴随着中华民族伟大复兴的历史进程，华夏儿女对于传统文化的认同感和归属感与日俱增，世界也将目光投向古老的东方，希望从中国博大精深的文化宝库中寻求崭新的发展模式和思路。作为中国人，没有理由不全面系统地了解传统文化，没有理由不深入细致地研究传统文化，没有理由不客观冷静地分析传统文化。

中国传统文化是一个庞杂的文化系统①。它属于中国古代文化的范畴，又是传承下来，具有现实影响的文化；它主要承载、反映和表现我们民族的道德信仰、精神面貌和思想意识，又部分包含决定和影响这一切形成的物质因素、制度因素和风俗习惯因素。

可以说，中国传统文化是以中国古代文化传承为基础，以中华民族共同的道德意识、文化思想、精神追求和与之关联的物质制度为主要内容，既具有丰富悠久的历史内涵，又具有明显深刻的现实影响的文化系统。这是一个折中的界定方式，既避免将传统文化的范围划定过大，把一切与中国古代传统有关的器物、制度和精神性格都包括进来；又不单纯局限在精神层面，使对于精神、道德等要素的分析无所依托，成为空中楼阁；同时，将“传统”与“传承”联系起来，还便于分析传统文化的现实影响和意义。

① 顾冠华. 中国传统文化论略[J]. 扬州大学学报·人文社会科学版，1999(6).

二、从文字到心灵:"仁义礼智信"的传统文化品格追求

华夏文明绵延五千多年,孕育了辉煌灿烂的中华文化。中国传统文化就是中华文化历经时间的洗礼和考验得以留存下来的精华,大致包括以下四个方面。

1. 独具一格的文字

文字不仅是文化的重要组成部分,更是文化传播和发扬光大的基础工具。汉字是中华民族的通用语言,是世界上历史最为悠久的文字之一,自创制以来,虽然字形、结构发生了一些变化,出现了各种不同的书体,但造字的原则和音形兼备的特点从未改变,一直被沿用至今。中国民间流传着仓颉造字的传说,认为是黄帝命令仓颉创制了汉字。黄帝和仓颉生活在公元前2500~2600年左右。现代考证的观点认为,中国最早的文字见于殷墟甲骨文,年代在公元前1300年左右,这些文字已经具备相当成熟的"六书"体系,并不是中国最早的文字①。至于汉字到底是时从何时起脱离了简单低级的"图形文字"阶段,成为抽象的记事符号的,现在还存在较大争议。自甲骨文开始,中国汉字形体的变化经过依次是:甲骨文、金文、大篆、小篆、隶书、楷书。这种变化一直遵循汉字造字的"六书"原则,沿象形体系发展,三千年来没有出现间断,是人类历史上绝无仅有的②。与楷书平行,又演化出了行书、草书等便于书写的字体。由于汉字书体字形复杂多变,书体种类繁多,我国形成了独特的书法艺术,汉字除了交流沟通、传播文化的使用功能之外,又被赋予了审美功能。有人认为,从楷书到行书最后到草书,汉字的符号性能递次减少,而它的艺术味道却越来越醇,文字本身就给予欣赏者美的享受。

语言文字要通过一定的手段才能传播③。汉字的传播载体同汉字本身一样,经历了曲折的发展过程。先是口耳相传到结绳记事,从甲骨卜辞

---

① 郭建魁,郭向东.再论中国汉字的起源及其发展[J].图书与情报,1989(1).

② 周小平.中国文字载体的演变历程[J].东南文化,2001(3).

③ 参见 http://baike.baidu.com/view/1254861.htm[EB/OL]

到青铜铭文,这些都是古代周代以前先民用以传递文字和文明的质朴却有效的手段。秦汉以竹简和绢帛记事传书,西汉、东汉时期造纸术的发明和改进,以及南北朝时期纸的普遍运用,标志着我国文字载体的一次重大技术革命,从此人类进入了纸的时代,获得了快速发展和迅捷传递信息的最基本的条件。唐宋时期雕版印刷术和活字印刷术的发明奠定了书籍的大规模复制、出版和传播的基础。20 世纪末,汉字激光照排技术广泛应用,汉语和汉字的传播告别了铅与火的阶段,走入了光与电的时代。进入 21 世纪,随着数字出版业的兴起和壮大,汉字的传播可以不再依托传统介质,而进入虚拟化的时代。

汉字是维系中华文化传承的纽带。中国传统文化得以保存,很大程度上要归功于汉字传承的连续性和使用的不间断性。汉语和汉字具有如此强大的生命力的原因,一是其能够不断适应时代变化的需要,在传播的过程中不断增强实用性和易用性;二是得益于先进的传播手段使汉语言文字被广泛地记载和保存,为后世留下了研究和继承的可能性。

2.“仁义礼智信”的品格追求

中华民族历来重视道德在社会生活的作用。早在西周时期,周公旦就提出“敬德保民”“明德慎刑”的治国思想。孔子十分推崇周公旦的政治思想,将德治作为其最为倡导的一种国家治理形式,主张治民要“导之以德,齐之以礼”,在全社会普遍树立道德规范,并引导人民自觉去执行。西汉武帝时期,儒家思想成为中国封建社会的正统思想,并统辖中国社会两千多年,道德教化被历朝历代统治者视为理政良方,儒家的道德思想深深印入人们的脑海,继而成为中华民族共同的道德理想。

“仁义礼智信”是儒家道德体系中的“五常”,始创于孔子,由董仲舒完整提出。“仁义礼智信”贯穿于中华伦理的发展之中,是中国价值判断体系中最核心的因素[①]。“五常”意即“五条常道”,是天经地义的道德法则,理应成为所有人的道德追求。

---

① 王玉东. 论传统文化与民族精神的科学扬弃[J]. 东岳论丛,1999(11).

“仁”是儒家道德思想的核心,其准则是“爱”。仁爱的标准起于家庭成员之间,并推广到社会生活之中。“仁”的思想贯穿中国历史进程。孔子之前,人们就已经有了仁德意识,认为“仁”是与氏族血缘分不开的,所谓“爱亲之谓仁”(《国语》)。孔子把“爱亲”作为仁之本始,并推而广之,指出“仁者,爱人”,“仁”由此上升为一种社会公德,更成为一种行为准则,培养仁爱忠恕的君子成为孔子伦理道德体系的基本内容和目标。孟子的仁爱思想与孔子一脉相承,主张将爱推而广之,由亲及疏,由近及远,以仁爱之心和谐人际关系,维护社会稳定。西汉董仲舒以“天人感应”学说为基础,将仁爱归于“天心”,并作为一种统治术,“霸王之道,皆本于人”,赋予“仁”神圣的色彩,并推荐给君王,争取到国家统治者的重视和认可。后世韩愈、王安石、二程、朱熹、王阳明等人都对“仁”进行了着重阐发和解释,但其主要路径大体相同,即将“仁”描述为博爱、天理,把仁爱之心提高到哲学层面,用“仁”去包容解释“义”“勇”等其他美德,形成系统的“仁”的世界观和方法论。

“义”的本意指仪表面貌,兼有公平正义的意思。后来演变成以“仁”为标准的一切道德行为和准则的总称。因此,“义”的内涵是极其宽泛和丰富的。在修身之道方面,“义”代表着威仪,正义,独善其身。孟子说,“我善养吾浩然之气”,并对“浩然之气”进行了解释,“其为气也,配义与道;无是,馁也”,意思是,自身的修养威仪必须与仁义道德相配合,否则就会缺少力量。(《孟子·滕文公上》)在社会伦理方面,义则象征着秩序和地位,意味社会成员各司其职,恪守人伦,做到“父子有亲,君臣有义,夫妇有别,长幼有叙,朋友有信”(《孟子·公孙丑上》)。“义”还兼有爱国、气节、忠诚、重视友情、大公无私等多层含义,代表和象征着美好和善良,是中华民族向往的人生境界和生活目标。中国社会一直崇尚重义轻利、舍生取义的义利观和人生观,这是“义”德深远影响最直接的体现。

“礼”最初指的是周礼,是一个局限性很强的概念。孔子不拘泥于古理,认为“礼”是可以损益变化的,“周因于殷礼,所损益可知也;其或继周者,百世可知也”(《论语·为政》)。后世认为“礼”是指在文化传递更迭时必须坚守,不可妄动的信条——主要指三纲五常和敬天祭地的礼数。“礼”的核心与根本是,事亲孝,事神敬。管仲所说的“礼义廉耻,国之四维;四维不张,国乃灭亡”当属对“礼”德作用的最大肯定和最明确的说明。“礼”是维系封建社会稳定的手段,是中国古代天人互动思想观念形成的渊源。直到今天,“礼”仍然是社会秩序的象征。

“智”代表着智慧,指人要明辨是非、有自知之明、能知人善任。“智”德发端于明辨是非,最高境界是“仁且智”,常怀爱人之心,求取真理,正确评价自己,发现和赏识人才。孔子说,“知(智)者不惑”,意即具备“智”德的人能够不为繁复的世界干扰迷惑,一直保持明确的目标,并能不断学习求知,丰富完善自己的学识,解决素常遇到的疑惑,逐渐达到至善的境界。孔子的另两句话“不患人之不己知,患其不能也”(《论语·宪问》)和“不患人之不己知,患不知人也”(《论语·为政》)讲的是不怕别人不了解自己,只怕自己没有才能和不了解他人的才能,由此可以看出中国古代先贤名人对于自省的重视和对于人才的渴求。自知和尚贤一直是我国优秀的文化传统。“智”还体现在关心他人、爱护他人以及宽容主动地处理和协调人际关系上,这也是“仁且智”的一种体现。

“信”是由孔子、孟子等人在继承和发展远古、唐尧、虞舜、夏禹、商汤、周文、周武、周公等人关于构建和谐交往、和谐政治、和谐经济、和谐文化、和谐社会的诚实不欺及有信用的伦理思想基础上提出来的一个具有普遍意义的道德范畴和价值取向标准。“信”德在古代教育中居于重要地位,是人能否成为“君子”的重要标准。信的内涵不仅仅局限于诚信,还包括取信于人、诚心自省等多个方面①。

3. 中庸平和的处世精神和心态

中庸出自儒家的观点,主张待人接物不偏不倚,采取调和折中的态度。北宋著名理学家程颐提出:“不偏之谓中,不易之谓庸;中者,天下之正道,庸者,天下之定理。”这是对中庸之道形象而贴切的解释。

---

① 邓球柏.“仁义礼智信”的由来、发展及其基本内涵(上)[J].长沙大学学报,2005(11).

所谓“中庸”，就是要以人的内在要求为出发点和根本价值依据，在外部环境中寻求“中道”，也就是使内在要求，在现有的外在环境与条件下，得到最适宜的、最恰当的、无过与不及的表达与实现。“中庸”既是一种伦理学说，同时也代表了一种思想方法，强调内心之“中”与外在之“节”的准确契合，以达到“和”的大功用；而“中”的基本原则是适度，无过不及，恰到好处。追求中常之道，内外协调，保持平衡，不走极端，这样一种思维方式使中华民族形成了一种稳健笃实的民族性格，对中国几千年的文明产生了深远的影响。中华民族一直坚持中庸之道，并将其作为调整心态，保持冷静的良方和依托。

三、传统文化是一种深沉的品格自信

由于中国封建社会异常稳定的结构，中国传统文化两千多年来甚至没有发生太大改变，被完整地传承了下来。1840 年以后，明清两代的闭关锁国政策在西方列强的坚船利炮面前土崩瓦解，传统文化一成不变的物质基础和民族心态受到极大冲击，传统文化开始发生激变。这是历史发展的客观规律，有利于中国传统文化吐故纳新，适应传统与现代的交汇融合。

但是，在这一过程中也产生了一批历史虚无主义者，他们漠视、蔑视中国传统文化，毫无根据地认为传统文化是导致中国落后和遭受侵略的根源，抹杀传统文化的一切成就和历史功绩，认为只有彻底抛弃传统文化，全盘接受西方文明模式，才能使中国重新“振作”起来。

对这种思潮必须加以严厉的批判。因为一旦让这种思潮得逞，中华民族就将陷入万劫不复的地步。漠视传统文化不仅会给华夏文明本身带来灭顶之灾，更会给国家和民族造成不可估量的危害。漠视传统文化的危害主要有以下两点①。

第一，造成民族心理的落差和断层，对民族自尊心和自信心造成极大

---

① 张雨海. 对旧蒙学教材中精华与糟粕的梳理及有关思考[J]. 长春大学学报，1999(12).

负面影响。传统和历史文化对于一个国家有着至关重要的作用。“欲要亡其国,必先亡其史”,可见,传统文化完全不是故纸堆之中毫无意义的文字材料,而是维系一个民族生息繁衍、发展壮大的精神源泉。大力继承、发掘和弘扬优秀传统文化的必要性不容置疑。文化自信是一个民族、一个国家以及一个政党对自身文化价值的充分肯定和积极践行,并对其文化的生命力持有的坚定信心。习近平总书记对优秀传统文化传承非常重视,指出,“中华民族在几千年历史中创造和延续的中华优秀传统文化,是中华民族的根和魂”。建立在五千多年文明传承基础上的文化自信,是更基础、更广泛、更深厚的自信。这些都展现出文化品格持久深沉的力量,警示我们不可轻废文化品格的传承。

第二,解构社会道德标准,助长社会不良风气。“仁义礼智信”的道德追求是传统文化之中最为旨深意远的部分,千百年来规范着国人的言行,激励着华夏儿女为了国家的大义和民族的生存艰苦奋斗,不懈抗争,引导人们遵守社会道德规范,先人后己、公正廉明、仗义执言,净化社会风气,保证社会正常运转与发展。如果认为传统文化完全彻底地不合时宜,把文化和道德传统绝对地、片面地看成是发展经济的负担,那么我们的社会将变成一个金钱和利益当道、不正之风横行、人际关系冷漠、欺诈充斥、信任缺乏的社会,这不仅完全背离了发展经济的初衷和原则,甚至会造成交易成本无限放大,经济体系无法运行。为了保证中华民族不失去基本社会道德规范和继续前进的动力,一定要大力弘扬优秀传统道德理念。

四、局限性与无尽潜能:辩证看待扬弃传统文化品格

当然,传统文化也不是完美无缺的。中国传统文化产生、发展并最终定型于封建年代,自然而然地带有封建时代的烙印。我们要发扬科学的扬弃的精神,对传统文化中腐朽落后、故步自封的因素,加以批判和抛弃,使得传统文化能够历久弥新,与时俱进。

传统文化的当代局限性表现在以下三个方面。

第一,封建纲常色彩浓重。在漫长的中国封建社会, 人们被禁锢在

“三纲五常”的樊槛当中,没有丝毫喘息和通融的余地。封建统治阶级籍以此进行愚民统治,提倡愚忠愚孝,摧残人们精神,削弱民智。封建纲常制度还给中国妇女带来深重灾难,男女不平等的现象一直存在于封建时代,且差距之悬殊举世罕见。

第二,过于保守,暮气沉沉。中国传统文化曾经长时间紧紧凝固于封建关系的模式之中,严重依附于行政权力,这从根本上决定了它少奋争精神而多保守性。所谓“君子思不出其位”就是这一特点的典型表现。这严重压制了人民群众的进取心和首创精神,是晚清以来旧中国长期落后于西方的民族心理因素之一。

第三,小农思想严重,狭隘自私心理较强。传统的中国人以家庭为本位,在家庭内,其成员乃是血统关系和天然义务;而一走出家门,就失却了这种关系和义务,剩下的则是狭隘自私,一盘散沙;遇到危险,则退避以求自保。“事不关己高高挂起”就是对“中国看客”式嘴脸的最好写照。

这里,还想对中国汉字拉丁化问题进行初步的讨论。汉字拼音化和拉丁字母化的尝试古已有之。宋代时中国的回族居民用阿拉伯字母记录汉字即是汉字拼音化的最初尝试,明清时期的许多传教士也试图用拉丁字母拼写汉字,有的还创建了相对完整的拼音系统。新文化运动以来,以钱玄同为首的一批新知识分子希望推动汉字拼音化运动,废除方块字的书写形式。1957 年前后,随着《汉语拼音方案》的出台,全国又展开了一次关于汉字拼音化的讨论活动,当时还出现了刊载用汉语拼音写成的文章的杂志,且持废除汉字观点的人也不在少数。他们认为,汉字的书写方式过于特殊,无法同国际接轨,外文译名和科技术语也不易准确翻译解释,阻碍了科技的发展;汉字难写难认,不加以拼音化改造也不利于扫盲工作的进行[①]。一些文化水平较低的成年人认为,阅读汉语拼音读物比阅读汉字读物省力得多,易懂得多。现在看来,这些理由显然极不充分,甚至有些幼稚可笑,在可以预见的未来,汉字应该不会被废除。但是,汉字到底是不是影响了中国与世界的融合?几百年,或者上千年之后,汉字

① 曹定杰,等. 我赞成中国文字走拼音化道路(共三篇)[J]. 文字改革,1957(8).

会不会真消失？这都是需要留待后人严肃思考的问题。

中华传统文化历史悠久，源远流长。它的形成于中华民族所处的自然环境、时代背景和周边条件密切相关，总体上是符合民族利益和当代发展需求的[①]。作为中华民族的子孙，我们必须继承并发扬中华传统文化这一优秀的历史遗产，取其精华，去其糟粕，使传统文化符合我国社会主义现代化建设的目的和要求，挖掘传统文化思想宝库的潜能，激发我们开拓创新的活力。

第二节 理性、自律，以核心价值观塑造品格坚守

品格，与我们的人生追求有着非常密切的联系。古人云，“取法于上，仅得为中；取法于中，故为其下”。意思是说，追求上乘，很有可能只得到中等或差强人意的结果；追求一般，就只能得到不如人意或者喟然抱憾的结果了。因此，就品格修养而言，我们不论如何追求都不过分；对于自身精神境界提升的重要性，我们怎么强调都不夸张[②]。所谓“养天地正气，法古今完人”，这便是我国先贤对于人生品格修养无限追求的真实写照。当今世界，日新月异，飞速变化，大到知识、社会经验，小到日常生活技能，都在不断更新变换之中。这些都要求我们，与时俱进地提升自身品格，同时又要有坚定的信念，树立起“四个自信”意识，让崇高品格成为自己内心的自觉坚守。

一、“不畏浮云遮望眼”：树立科学的、人民的理性品格立场

大学生群体是一个知识丰富、朝气蓬勃、充满年轻与活力的群体，如今很多大学生都在关注社会现象，发表自己的看法，渴望表达自己的意见和心声。当今社会，网络四通八达，信息飞速传递，同学们能非常方便地

① 白寿彝. 中国通史[M]. 上海：上海人民出版社，电子版本.

② 吴晗. 中国历史常识[M]. 成都：天地出版社，2019.

关注各种社会现象，这样的重要意义意味着大家在接受观点、分析问题、发表言论时，必须以事实为依据，用全面的、理性的思维去思考。为什么这样说？倘若一个人的声音不能引起任何人的反映，他去说些什么，评论些什么，甚至随意谩骂些什么，最多也就是个人道德品质的问题，不会造成什么社会影响；但大学生就不同，网络就是大学生观点和声音的最佳传播载体，它让大学生保持着对信息传播和舆论导向的重要影响力。如果利用好这种影响力，客观理性、深刻准确地分析问题，大学生的形象就能得到提升，大学生群体的公信力就能逐步确立；如果不珍惜这种影响力，不负责任地乱说一气，只能导致听众越来越少，且为大学生的形象抹黑。对于大学生群体如此，对于每个同学也如此。想一想，如果我们用一种浅薄轻浮的眼光看待问题，评论问题，怎么能获得他人的认可、信任和尊重呢？

当然，培养科学理性的思维方式不是一朝一夕的事情。我们头脑中的感性认识如何上升为理性认识，大家已经在哲学课堂上学习过了，简而言之就是16个字：去粗取精，去伪存真，由表及里，由此及彼。认识和分析问题，也应遵循这样的认识规律：不要热衷于爆炸新闻、小道消息，要善于思考，作出独立准确的判断；不要沉迷于抱怨泄愤，要透过事件本身探求它所反映的本质问题；不要拘泥于一个或一类事件和问题，要把思考问题的成果转化为认识、解决新问题的动力。这样说起来可能有些抽象，但应用在具体问题的分析中，它的指导作用就会显现出来。建议大家主动尝试，因为冷静客观，理性深刻，或许是“年少轻狂”的我们最需要努力修炼的处世本领。

二、自律与责任：大学生品格修养的题中之意

要培养责任意识。责任意识，顾名思义，就是清楚自己的责任，勇于承担责任，以尽职尽责、恪尽职守为荣，以逃避责任、玩世不恭为耻。大学是我们步入社会的桥梁，大学生绝大多数已经成年，拥有独立的人格和思维，承担责任是理所当然的事情。

1. 努力学习,追求进步,培养对自己的责任意识

大学为我们提供了宽松自由的学习和生活环境。要想在这样的环境中丰富学识,提升能力,就必须摆脱依赖心理,培养独立意识,学会对自己负责,要对得起自己。怎么样才算对自己负责?很简单,只要努力过好每一天,在点滴进步中寻找动力,建立自己作为一个社会成员的自尊与自信。努力求知,提高知识文化水平;勤恳工作,培养处事和协作能力;培养高雅的兴趣爱好,陶冶情操,净化心灵;参加体育运动,强健体魄,保持健康。大学生活是一段自由而美好的时光,享受自由的大学生活,并不是放纵自己,随心所欲,而是学会对自己负责,有计划、有目标地安排自己,体验独立生活的乐趣,体会成长的喜悦与自豪。

2. 认真生活,诚信做人,培养对社会的责任意识

每个人都是社会的一分子,人要想在社会中生存,就必须对社会有所贡献,承担相应的社会责任。大学生对社会责任持什么看法,肯定有很多,但在大学校园里确实流行着这样一些话:“六十分万岁,六十一分浪费”;“大学生,三宗宝,复制、粘贴、(期末考试)过就好”。我们可能觉得这只不过是一种幽默的调侃,不过现实是“作业应付差事、挂科家常便饭、论文复制粘贴”,这样的同学,我们都会听说过那么一两个。这些人是自暴自弃、不能对自己负责的,也是浑浑噩噩、无视自己的社会责任的。当今社会,大学生群体不断扩大,社会影响力越来越强,大学生不能对自己肩头的社会责任麻木不仁,而应更为积极主动地承担社会责任,严肃认真地生活。严肃认真的生活,不是整天高度紧张、埋头书本,更不是终日无所事事,得过且过。它是一种充实、阳光,虽然劳累但充满欢乐的生活。这种生活的欢乐从哪里来?从紧张忙碌的学习工作中来,从热情友善的人际交往中来,从积极主动的社会实践中来。保持这种生活状态,就能出色地扮演大学生这个社会角色,积累知识、储备能量,为社会建设添砖加瓦,担负起对社会的责任,成为有用之才。

“人无信不立”,古往今来,诚信一直是人们安身立命之本。社会成员间的相互信任带来轻松愉悦的社会生活;社会成员间如果尔虞我诈,社会交往就会变得危机重重，让人苦不堪言[①]。要承担社会责任，就要每时每刻提醒自己，诚信做人。大学生活中就充满着对诚信的考验。上交的作业是否独立完成？考卷上的答案是不是自己的真才实学？毕业论文中的一字一句是不是自己四年汗水的结晶？这些问题，你要怎样回答？在一些人看来，成功有很多“捷径”供你作答，但是，“捷径”经常把人引入歧途，最终难免原形毕露。只有靠诚实奋斗取得的成功，才值得庆贺、值得钦佩。相信每位同学会交上无悔的答卷，为诚信社会尽自己的一份责任。

3. 自尊自爱，承担责任，是培养廉洁美德的依据和基础

廉洁源于对自己名声的珍惜和对公共权力的敬畏。廉洁奉公者的精神支柱是沉甸甸的责任感。他们要对自己负责，以廉洁公正的言行捍卫自己的尊严，免于卑躬屈膝、身败名裂的噩运；他们要对社会负责，以无私忘我的工作运用人民赋予的权力，把造福一方、惠及百姓作为自己毕生的追求。抑制贪欲，永葆清廉，责任意识绝对是不可或缺的法宝。

要培养自律精神。能够按照社会规范，不靠外界的监督和强制，自主控制个人的行为和需求，是人的一个重要属性，即自律。意识正常的人都懂得什么是自律，也知道控制自己的行为。不过，要想培养廉洁的品格，就必须具备超乎寻常的自律精神。

4. 自律意味着不能姑息迁就，不能随意放松对自己的要求

分析一些贪官和他们的贪污罪行，你会发现，这些人对自己第一次受贿的经历大都有着刻骨铭心的记忆。为什么？因为当时有过打破自律道德底线时的痛苦和挣扎。下面是一位因贪污落马的官员与记者的对话，非常清晰地展现了这种挣扎。

“问：‘第一次收钱之后，看着那么多钱，心里怎么想的？’”

“答：‘心里很不踏实，总觉得不合适。但一想，是他主动送给我的，谁和钱有仇啊，我也就接受了。这次收下了，以后再遇到这样的事就顺其自然了。’”

---

① 吕思勉. 中国文化常识[M]. 成都：天地出版社，2019.

在金钱的诱惑面前,这位官员的内心一定发生过激烈斗争,但还是失守了自己的道德底线,没能做到廉洁自律,在贪污腐败的不归路上越走越远,最终东窗事发,被判处有期徒刑 11 年。

“一念之差,铸成大错”。自律就是制止这一念之差动摇信念、破坏道德底线的防线。为什么可以如此看重和信任自律的力量?关键在于一个“律”字。“纪律”“法律”“定律”“规律”“律”字代表着秩序,代表着禁止篡改,代表着坚守,代表着不可侵犯,正是如此,“自律”才拥有这样的功效,才能帮助我们增强毅力,拒绝诱惑,为廉洁正直的人生保驾护航。倘若一味向自己妥协,随意更改自律的底线和标准,那和放弃自律、随波逐流没有什么区别。今天晚一分钟,明天晚三分钟,久而久之,一定会养成拖沓懒散的恶习;今天少做一件事,明天少做两件事,长此以往,一定留下无法弥补的漏洞。唯有始终用严格的、不可动摇的标准要求自己、评价自己,自律精神才得以养成,我们才能够问心无愧地生活。

5. 自律讲究的是防微杜渐,“勿以恶小而为之”

再次翻开贪官们的忏悔录,一开始就能够大笔收钱,大肆出卖公共权力的,极为少见。大多数人往往是从接受些实物礼品、一两千块钱起步,人们说,那似乎都不能算是受贿了。事实上,贪官们也是这样安慰自己,欺骗自律心和内心道德良知的。“礼下于人,必有所求”,看起来数额不大的馈赠,实际上包藏着拉拢腐蚀的祸心。而他们被贪欲左右,强词夺理地把这解释成正常的人际交往。自律心被麻痹了,“小恶”就像滚雪球一样,越滚越大,积攒到再也无法掩饰的地步,把自欺欺人的人彻底击垮。

人非圣贤,孰能无过。犯错误并不可怕,关键要看对待错误的态度。当错已铸成,突破了自律的底线之时,是真诚悔过、深刻检讨,全力弥补自己的缺点和不足,还是敷衍搪塞、寻找借口,为自己开脱一番?答案当然是前者,但真正能做到的人并不多。于是自律失去了它应有的作用,小错放成大错,大错酿成大祸。要想让自律精神“不失效”,就要坚持做到防微杜渐,不放过任何一个小的瑕疵,不断用严格的标准审视自己的言行。只有这样,才能避免养痈成患,才能不断完善自身道德修养,进而以自律精神修正自身缺点,抵制花花世界的诱惑。

6. 自律是高洁品格的手段

“廉洁自律”这个词组足以说明它们之间的密切关系。个人的廉洁修养,作为一种内在的、自发的美德,必须通过自律自控进行修养;如果硬要借助外力进行强迫,那就失去了自觉性,况且并不是每个人都要成为公职人员,都要去接受廉政制度的约束监督。所以对现阶段的同学们来说,培养自律精神,才是获得美好品格的主要手段;而且自律精神对大家的成长发展也大有裨益。严格自律,做事专注用心,正是开启成功之门的钥匙啊!

第三节　将个人品格发展融入新时代中

一、锤炼品格,在“日行一善”中成就出彩人生

当代大学生肩负着神圣的使命,所以,必须对我们这些“天之骄子”提出更高的要求,进行更加严格和深刻的教育。公者自明,廉者自威,这是被仁人志士奉为圭臬的警世名言,足见美好品格、高尚言行在我们为人处世当中的巨大作用,我们每个人都有着分明的爱憎观、荣辱观,你们一定崇拜和仰慕大公无私、清廉刚正的正人君子,你们一定鄙视和唾弃投机逢迎、贪赃枉法的卑劣小人。这是你们自发的选择。这是人性的选择。这还足以证明高洁品格的伟力。

1. 修炼品格,源于对自己肩负的使命与责任的清醒认识和不懈担当

使命感,三个字的分量重比千斤。“穷则独善其身,达则兼济天下”,“居庙堂之高则忧其民,处江湖之远则忧其君”,这是中华民族拒绝妄自菲薄,勇担历史使命的生动写照。使命感像一位严师,督促人们心怀大局,志存高远;使命感像一条轨道,引导人们勇往直前,奋斗不息。所谓

“天下兴亡，匹夫有责”，树立远大理想、培养崇高的使命感不是一句空谈，而是每一位时代青年都应具备的基本素质。只有如此，当我们走上社会，面临各种考验的时候。才能找准人生坐标，抗御欺骗诱惑，成为一个清廉干净的人，一个坦荡真实的人，一个无怨无悔的人。

2. 修炼品格，源于对美德的不懈追求和自身修养的不断提高

“纷吾既有此内美兮，又重之以修能。扈江离与辟芷兮，纫秋兰以为佩。”这是伟大的爱国主义诗人屈原所作《离骚》中的词句。诗人珍重自己杰出的天赋，但丝毫没有故步自封，依然坚忍执着地修炼自己的德行和品格。他以采摘和佩戴芬芳植物作喻，生动凝练地展示自己寻求真理、美德，提升人格、修养的历程[①]。众所周知，屈原以独立洁白著称于世，他忠君爱民，不畏奸臣权势，宁可“怀瑾握瑜”“葬身鱼腹”，也不肯与当时楚国当权恶浊的恶浊政治势力同流合污，“哺其糟而啜其醨”。屈原作为清廉正义的典范为后世铭记，端午节的粽香便寄托着人们的思念。他一生的经历告诫我们：高洁品格的承诺要用毕生的求索来兑现。人生在世，就必须不断加强自身修养，坚守道德良知。

我们现在应该可以认识到，提升品格来自日常生活的点点滴滴。不妨把廉洁看作一个目标。学会承担责任，你就离它近了一点；积累点滴美德，你就离它近了一点。“不以恶小而为之，不以善小而不为”，清白廉洁，正直不阿的高风亮节正是这样日积月累而成的。那么同学们，平凡而年轻的我们现在能做些什么呢？我想，你我要努力学习工作，用积极健康的价值标准来衡量自己，用昂扬进步的道德风尚来要求自己。

二、将个人品格修为与国家、人民紧密结合起来

1. 热爱祖国，热爱人民，忠诚党的事业，肩负时代使命

“科学没有国界，但科学家有自己的祖国”，这是法国微生物学家巴斯德的肺腑之言。善良的人民都热爱自己的国家，这是没有什么例外可

---

① 张斌. 现代汉语十讲[M]. 上海：复旦大学出版社，电子版本.

言的。爱国主义的情感是人类最为崇高的情感之一，对祖国的挚爱和眷恋是革命先驱前赴后继的不竭动力，是海外游子漂泊他乡的唯一支撑。我们常说“叶落归根”，根在哪里？就在养育你我的这一片华夏热土！国际法上有一个概念，叫“无国籍人”，是指不具有任何国籍的人。这部分人绝大多数境遇悲惨，基本人权都难以得到保障。他们可能也想倾诉自己的爱国之心，但他们根本没有国家可爱。由彼及此，想想我们自己，我们是中华人民共和国的公民，我们身后是强大的祖国，爱国之情怎能不油然而生呢？

人民是历史的真正创造者。服务人民，奉献社会，实现中华民族伟大复兴，是青年人必须肩负的使命。有的同学可能认为，“人民”不过是个空泛的政治术语，“为人民服务”仅仅是一个口号，这可就大错特错了。在社会主义中国，除了极少数敌对分子和犯罪分子，绝大多数公民都属于人民的范畴，你我也在人民之列。这样说来，“服务人民”还能是“事不关己，高高挂起”吗？除非你先把自己从人民的阵营中排除出去。从这个角度讲，恪尽职守、见义勇为这些轰轰烈烈的壮举是服务人民，帮助身边的同学、做一件哪怕微不足道的好事也是服务人民，两者在本质上并没有区别，最多只是程度不同而已。若能持之以恒，我们就会发现自己对人民产生了深厚的感情，为人民服务真的成为生活的目标，成为责任和使命。雷锋、郭明义，他们都是最普通不过的社会一员，他们在平凡的岗位上默默工作，他们用诚挚的心去帮助身边的人，用无数个普通和平凡汇聚成壮丽的事业，践行了服务人民的诺言，最终无愧于时代赋予他们的使命和重任。他们，和千千万万平凡而善良的人一样，集合了中华民族的精神和力量，奋斗着，努力着，共同缔造自己美好的家园。

全心全意为人民服务是中国共产党的宗旨。党章明确规定：党除了工人阶级和最广大人民群众的利益，没有自己特殊的利益。“我们必须始终把人民利益放在第一位，把实现好、维护好、发展好最广大人民根本利益作为一切工作的出发点和落脚点”，“每一个共产党员都要把人民放在心中最高位置，尊重人民主体地位，尊重人民首创精神，拜人民为师，把政治智慧的增长、执政本领的增强深深扎根于人民的创造性实践之中”。这些话语，饱含对人民群众的深情厚谊，鞭策广大党员干部为人民的利益奋斗终生。回顾党的百年风雨历程，从发动人民、组织人民，到服务人民、依靠人民，与人民群众建立起无法割舍的血肉联系①。这是其他任何党派、任何组织无法做到的，这也是我们党永葆生机活力，从胜利不断走向胜利的坚实保障。这要求共产党员，说得更直接些，就是要求今天在场的你我，与党同心同德，义无反顾地投身到为人民服务的事业中去。有人问，应当怎么做？很简单，从本职工作做起，从身边做起。对于大学生来说，学好每一门功课，组织好每一次活动，真心帮助每一位有困难的同学，都是在实现自己的价值，履行自己的使命。

2. 遵纪守法，文明诚信，培养法律意识，维护社会公德

法律是具有强制力和普遍约束性的社会规范。有法可依、有法必依、执法必严、违法必究，是我们对法治社会的描述，也是构建法治社会的目标。自改革开放以来，我国的法治化进程真正启动，到目前已经建成中国特色社会主义法制体系，有法可依的问题基本解决，但更加紧迫、更加棘手的问题又摆在我们面前——怎样真正做到有法必依？共产党员要模范地遵守国家的宪法和法律，党也要在宪法和法律允许的范围内开展活动。这些内容我想大家是再熟悉不过的，所以依我看，在对待法纪的态度方面，还是不要抱侥幸心理的好。个别同学一定不服气，他要说：“走后门、托人情，事情办得方便顺当，得心应手。我完全能做到天衣无缝，何乐而不为？”不过不要忘了，“若要人不知，除非己莫为”；“瞒得了一时，瞒不了一世”。如今互联网络四通八达，全世界都联系在一起。在这个信息日趋透明的时代，能指望瞒得住什么勾当呢？违法乱纪的丑闻逐渐无处遁形，我们相信，坏事迟早会被揭露，违法者迟早会得到公正的惩罚。何必抱着侥幸心理，让自己整日生活在惴惴不安中呢？“嚼菜根淡中有味，守王法梦里无惊”，引用这句话也许有些过时，可它的意义却十分明确：希

① 中共中央党史研究室. 中国共产党的九十年[M]. 北京：中共党史出版社，2016.

望同学们都能成为遵纪守法的典范，走上爱惜名誉，问心无愧的人生之路。

中国是一个历史悠久的礼仪之邦，明礼诚信、注重公德是中华儿女理应具备的基本素养①。“树讲枝叶为源，人讲礼义为先”，礼貌绝非某些人眼中的“假斯文”和客套，而是一个人精神面貌和教化修养的直观体现。彬彬有礼的人，大家乐于和他共事；粗俗无礼的人，大家对他“敬”而远之，这是人之常情。与外在的礼仪相比，社会公德——我们内心自发形成并广泛认可的社会行为标准，则显得更为关键。公德关系社会成员之间的认同感，关系个体对社会的评价，关系社会运行的成本。最近，大家通过新闻媒体一定了解到一些社会公德遭到挑战的事件。一边是公交车上的老人颤颤巍巍无人让座，一边是年轻人为老人让座反被老人冷嘲热讽；一边是老人跌倒躺在路旁无人救治，一边是好心扶起跌倒老人的司机遭到诬陷勒索。这些尽管是个别现象，但也着实令人寒心。与此一同受到挑战的还有社会诚信观念。诚信缺失已经影响到我们的生活：堪忧的食品安全问题，乱象丛生的中介市场、花样翻新的各类骗局，令人防不胜防。更为严重的是，这些行为极大增加了社会运行的成本和负担。为了应对这些违背道德，甚至是违法犯罪的行为，国家和社会需要投入大量的人力物力和财力用于检验、监督、惩罚不法者、补偿受害者，这实际上是诚信缺位带来的社会资源浪费，令人痛心疾首的浪费。同学们！当你们听说这些消息，了解了这些情况之后，有什么想法？我想，我们需要的是行动，不是抱怨。丧失理智和道德的人毕竟是少数，我们决不能被一些消极的负面的东西消磨掉信心和斗志。要和大多数善良的人们一样，培养我们的公德意识，为他人着想，从长远着想，我们的生活一定能充满文明、诚信和道德的阳光！

3. 修身养德，明辨是非，学会理性自律，保持平和心态

与社会公德相比，个人“独处道德”显得更为微妙，更为可贵。它是

---

① 鄢一龙，白钢，章永乐等. 大道之行：中国共产党与中国社会主义[M]. 北京：中国人民大学出版社，2018.

个人情境中的道德,是社会道德的独特方面,往往严于社会公德规范,既存在社会属性,又与个人紧密相连。对于社会公德的遵守要受到舆论的监督,如果违背公德就很容易受到公众的谴责;独处道德强调的是自律而不是他律,即使把它抛在脑后一般也不会招致他人的非议。恪守独处道德这需要超乎常人的毅力和自制力,也就是它的可贵之处。同学们可能会感受到,大学是个自由的世界,不论是与中学时期,还是与你们将来要面对的工作环境相比,外在的约束都是最少的。这是大学教育为大家创设的一个独特环境,为的就是锻炼大家的自律能力,培养自觉的道德情操。能适应的人,出类拔萃;不能适应的人,庸庸碌碌。那凭借什么去适应这样的环境,提升自己的道德水平,迎接大学生活带来的挑战呢?应该靠持之以恒的勤奋,节俭朴素的生活。“勤俭是咱们的传家宝”,这是大家耳熟能详的旋律吧。勤奋地学习和工作,生活才能变得充实而有意义;理性地消费和生活,人生才不会在穷奢极欲中迷失方向。勤奋和节俭是大学生活赠予我们的两样礼物,它能让大家真正开始体味生活的真谛。

要学会自律,还必须树立明确的是非观念,用理性客观的视角去认识和分析社会现象,形成自己独立的观点,避免陷入人云亦云。让我们用网络举个例子吧。网络世界五光十色,是传情达意、求知交流的平台;网络世界却又光怪陆离,是流言蜚语肆意散播的温床。一些“网事”就叫人在哭笑不得之余唏嘘震惊。京沪高铁开通前后,有人像发现了新大陆一样在网上发帖:“修京沪高铁何用,20 世纪 30 年代京沪之间坐火车只需 8 小时。”下面的跟帖全是谩骂和污蔑当今铁路技术和高铁工程之声。直到有一个人回复“那时的‘京’好像是南京吧”,网络“愤青”们才偃旗息鼓。后来有人贴出了 1937 年京沪间旅客列车时刻表,才最终真相大白——那时的“京沪”指的是南京和上海,看起来“义正词严”的责难根本就是一场闹剧。便捷的信息获取途径,庞大的信息量固然是好事,但这对我们的鉴别力、分析力和判断力,无疑都提出了更高的要求。有的人为了混淆视听,往往把某些事物描绘得完美无瑕,又把另一些事物抹得一团漆黑,以达到不可告人的目的。他们喜欢利用人们的质疑和好奇心理大做文章,把水搅浑,然后浑水摸鱼,坐享其利。大学生青春年少,涉世未深,又具备较高的知识水平,关注社会问题,最容易成为这类人鼓动和欺骗的对象。一旦正确的是非观念被颠倒,自律、道德、责任、社会这些词语就会显得苍白无力,人就会处于极其危险的失控境地。怎样避免这种可怕的情况发生呢?“偏听则暗,兼听则明”。我们应该学会用理性思考问题,从多个方面和角度思考问题,这样,我们才能正确分析问题,找到真相,增强信心,巩固道德标准,体味美好的生活。

第三章 知行合一 砥砺品行

当今世界正经历百年未有之大变局,综合国力的竞争日趋激烈,社会对人才的需求越来越强烈,对人才素质的要求也越来越高。当代大学生只有切实提高自身的综合素质,做到既有“才”又有“德”,才能够跟上高速发展的时代变化要求,切实担负起时代赋予的历史使命。为此,提高大学生自身的道德和法律素质,是我们的教育工作亟须解决的问题。在这一过程中,青年学生不仅需要认真学习道德和法律的基本理论,还需要在实际生活中自觉遵守公民道德准则,以诚待人、诚信做事,注意自己的言行举止,在集体生活和职场中,表现出“敬业乐群”的高尚品质,在投身崇德向善的实践中真正做到知行合一①。

第一节 信用社会:道德法律规制下的诚信建设

信用是人类社会千百年来传承的道德传统。对社会而言,信用是发展先进生产力的助推器、是社会和市场经济发展的基础、是优秀传统文化的重要体现、是社会主义道德建设的重点内容;对个人而言,信用是一个人的为人之道、立身之本,是个人立足于社会和事业发展的前提条件②。

---

① 张耀灿. 现代思想政治教育学[M]. 北京:人民出版社,2006.

② 张世欣. 中国古代思想道德教育史[M]. 杭州:浙江大学出版社,2010.

可以说,加强诚信建设、打造信用社会,对于我们国家和民族的发展、对我们每一个人的成长有重要的现实意义。

一、信用的相关概念和理论

1. 信用的含义

关于信用的内涵,《辞海》给出了三层含义:“一是信任使用;二是遵守诺言,实践成约,从而取得别人对他的信任;三是以偿还为条件的价值运动的特殊形式,多产生于货币借贷和商品交易的赊销和预付之中,其主要形式包括国家信用、银行信用、商业信用和消费信用。”这三重定义更多的是从社会学和经济学角度阐述的。此外,信用还有法律上的含义。

法律上的信用,是指当代各国在法律上普遍规定的诚实信用原则。《中华人民共和国民法通则》第四条规定:“民事活动应当遵循自愿、公平、等价有偿、诚实信用的原则。”《合同法》第六条规定:“当事人行使权利、履行义务应当遵循诚实信用原则。”从法律意义上看,信用强调的是民事主体在民事活动中维持双方的利益平衡以及当事人利益与社会利益平衡的立法者意志,其目标在于实现三方的利益平衡,保持社会的和谐稳定发展。

2. 诚信、信誉与信用的关系

在讨论信用问题时,诚信、信誉和信用这三个概念经常被使用。事实上,这三个概念既有区别又有联系。在这里进行一个简单的区分:诚信即诚实守信,主要是指自己对别人的承诺,它重在体现个人的道德操守,是一种普遍的行为规范。信誉指声望和名誉,它是一种形象标识,侧重于他人对自己的评价;而信用(狭义)更多的是一种动态的经济过程,在这一过程中,信用反映出的是权利和义务的关系。三者的具体区别在于:首先,诚信是内生的,更多的是由自身的道德品质决定;信誉是外生的,在这一过程中,社会评价是信用确立的重要标准,对信用的确立意义重大;信用是互生的,授信方和受信方二者相互依存,缺一不可。其次,信誉和信用需要媒介确立。在这一过程中,信用评估机构和征信机构等是确立主体,发挥着重要的作用;而诚信品德则主要靠主体自身的修养和情感体验去锻炼培养。最后,信誉是一种无形资产,信用是一种交换手段,二者都具有商业价值,而诚信是信誉和信用的思想基础和精神支柱,不具有商业价值。当然,我们在讨论信用问题时主要是以诚信为出发点,为了方便,有时并不对上述概念做严格区分。

3. 信用的构成要素

信用行为的发生过程必然有主体、客体、内容等构成要件,这些相关内容构成了信用的基本要素。

第一,信用的主体,也就是发生信用行为的当事者双方。这里的主体不是一般意义上的主体,二是特指具有各种民事行为能力的经济主体。转移资产的一方为授信者,另一方为受信者。在有关商品或货币的信用交易过程中,信用主体常常既是授信者,又是受信者;而在信用贷款中,二者则是分离的、不统一的。

第二,信用的客体,也就是信用交易行为中的被交易对象。信用客体是授信方的资产,它可以是有形的,如商品、货币形式,也可以是无形的,如服务形式。

第三,信用的内容,包括授信者以自身的资产为依据授予对方信用,受信者则以自身的承诺为保证取得信用。这样,在信用交易过程中,授信者取得了一种权利——债权,受信者承担了一种义务——债务,这种权利义务关系就是信用的内容,是信用的基本要素之一。

4. 信用的特点

信用具有以下几个特点①:

第一,社会性。这一特点首先体现在社会心理因素上,信任对信用意义非凡,是信用的前提和基础。对受信人的信任越强,意味着授信人对信用关系的安全感越强。这种安全感并非凭空产生,不仅依赖授信人的理

---

① 周向军. 高校思想政治理论课教学改革与创新[M]. 济南:山东大学出版社,2011.

性判断,而是取决于受信人的资信。因此,信用是一种特殊的社会心理现象。此外,信用还体现了受信人和授信人之间的社会关系,现代市场经济在一定程度上就是由一系列信用关系组建的社会关系网络。

第二,文化性。信用的产生是不以人的意志为转移的,是人类社会发展的必然产物。尽管诚实守信是人类普遍认同的美德,但世界文化各有千秋,不同文化背景对信用的理解是有差异的,体现出信用的文化特征。在我国,借债是不光彩的事情,是在万不得已之时做出的违心选择。在中国传统文化中,债务常常被人称为“饥荒”,是贫穷的象征。只有到了饥荒的时候才可以借债。在消费上,将“寅吃卯粮”视为“恶习”,勤俭节约是从古至今的优良传统,禁欲节俭和量入为出是不变的法则。在西方,情况则大为不同,人们对透支习以为常,超前消费成为普遍现象。

第三,资源性。信用是一个巨大的宝库,良好的信用可谓是无价之宝。无论对国家和社会而言,还是对于个人和家庭来说,有了信用就掌握了取之不尽的资源。企业正是依靠良好的信用,才可以在正常经营规模的基础上,创造出大于现金规模的价值,这个价值有时是自身拥有现金的几倍。倘若一个企业不讲信用,进入市场的范围就越窄,从市场获得社会资源的成本就越高,在突发事件面前会自顾不暇。对个人来说,信用是一个人进入现代社会的通行证,有了良好的信用才能得到现代社会认可和尊重,才能更好地在社会上生存。倘若一个人不讲信用,就会遭到社会的唾弃,危难之时也得不到他人的救助。

二、讲信用的意义及塑造大学生良好信用的举措

1. 大学生讲究信用的意义

(1)讲究信用有利于大学生保持健康的心态

信用是一种道德意境,体现的是对人性的张扬和对道德关怀的弘扬,也是一种童叟无欺的商业精神,表现了人与人之间互为目的而非手段的

人文关怀[1]。作为底线伦理的守信是人内在的本质的需要,讲信用有利于大学生保持健康的心态。马克思说,“人的本质是一切社会关系的总和”,人在社会中生活就必然要遵循一定的社会规约,对规约的自觉遵守本身就体现着信用的精神。从人与人之间交往的角度来看,相互信任是得以正常交往的基础。从心理学的角度来看,人们都有一种得到尊重的需要,信任便是这样一种满足人们需要的“秘钥”,它能使人产生一种愉悦、坦然的心情。在人际交往中,倘若一个人有不讲信用甚至背信弃义的行为,那么就难以真正得到别人的认可和支持。倘若社会上存在许多不讲信用的人,那么人们就不得不耗费大量的精力、物力以防上当被骗。长此以往,人们将始终在紧张、压抑的情绪中生活,心理容易产生障碍,严重的甚至引发心理疾病。近年来大学生心理健康状况不佳已经引起广大教育工作者的注意,究其根源,失信也是引发原因之一。因此,坚持守信的道德自律是承认自己与他人平等的道德基础. 是协调他人、自我和社会关系的核心,有利于大学生保持健康的心态。

(2)讲究信用是大学生立身的根本

俗话说“信誉好,胜金宝”。一方面,讲信用是广交朋友、形成良好人际关系的前提。对大学生来说,只有坚守对别人的承诺,并积极履行自己的诺言,同学之间的友谊关系才能得到升华,从而得到别人的关心和帮助。同时,拥有了诚实守信的品格,大学生就能形成正确的自我意识,能够客观真实地评价自我,既不以别人的赞美奉承而忘乎所以,也不以他人的否定而气馁自弃,从而达到精神成人。另一方面,大学生品格、意志的高低也取决于其知识储备状况和求知的态度及动力,而诚实守信的求真本质正是求知的动力源泉之一。此外,一个全面发展的人不仅要有知识、有文化,更要具备优良的道德品质。言行一致,待人真诚,说老实话、办老实事、做老实人的诚信品质是做人的基本道德要求。一个缺乏信用的人不是一个品德高尚的人,因而也谈不上是一个全面发展的人。

大学生作为青年的中坚,承担着中华民族伟大复兴中国梦的历史重

---

① 亚当·斯密. 道德情操论[M]. 译. 北京:商务印书馆,1997.

任。在大学的第一要旨就是学做人,正如习近平总书记指出:“青年的价值取向决定了未来整个社会的价值取向,而青年又处在价值观形成和确立的时期,抓好这一时期的价值观养成十分重要。这就像穿衣服扣扣子一样,如果第一粒扣子扣错了,剩余的扣子都会扣错。人生的扣子从一开始就要扣好。”大学生要扣好人生的第一粒扣子,必须从立德做起,立德必须以信为本,所以信用素质是大学生立身的根本。

(3)讲究信用是大学生立业的基础

守信的品格是大学生立业的基础。人的本质在于社会性,而社会又总是与人们之间相互承诺的责任和义务息息相关,是以信用关系为纽带的。只有具备了守信品格的人,才能正确处理这种责任与义务的关系,在错综复杂的人际关系中赢得人心,从而成就一番事业。正如巴尔扎克所说:“一个清如水的人,诚实不欺的人格,在无论哪个阶层里,即使心术最坏的人也会对他肃然起敬。”不仅如此,信用的品质还能使人正确地对人、对事、对己,从而提升人的素质和创造力,也就更容易在立事谋职中取得成功。信用素质是21世纪公民必备的素质之一,很多企业都把“以人为本,信用至上”作为生存发展的基本理念,名企更是将信用素质作为选人、用人的最重要的条件,将培养员工的信用观念作为提升人力资源素质的重要途径。因而大学生要想将来在社会上立事谋职、成就伟业,就必须具备较高的信用素养。

2. 塑造大学生良好的信用

(1)求真务实,塑造学习信用

大学生正处于人生发展的黄金期,有宝贵的学习机会①。大学生要塑造良好的信用,要从学习生活中做起,加强道德修养,努力在实践中塑造自己的学习信用。

第一,积极进取,勤奋踏实求知。作为新时代的大学生,要塑造学习信用,首先要本着严谨求实的态度、勤奋刻苦的精神,扎扎实实地学好基

---

① 《教育学》编委会. 教育学[M]. 沈阳:辽宁大学出版社,2008.

础知识。基础知识的学习不仅要有量的积累,而且要有质的要求,要对概念体系、理论体系等有深入的了解,这就需要平时认真地、一点一滴地的积累,任何的敷衍都是要不得的。因此,大学生要牢固地树立求真务实、开拓奋进的观念,以脚踏实地的努力去获取新知、做出成绩。

第二,遵守纪律,杜绝违纪失信。学习是一项社会性的活动,这就要求人们在一定群体范围中开展学习活动时,必须遵守相应的纪律和规矩。在学习过程中,应该采取老老实实的态度和作风。要塑造良好的信用素质,大学生必须要严格遵守学校的各项考试制度,在规定的时间和地点参加考试,不携带通信工具,不夹带纸条,不翻看书籍、笔记、字典等与考试内容有关的参考材料,不抄袭他人答案,不协助他人抄袭,不让他人抄袭自己的答案。在考场内听从监考老师的安排,按规定答题、交卷,不在规定以外的地方标记信息,不大声喧哗、吸烟或做其他影响别人考试的行为。此外,尤其要杜绝为他人代考的行为。

第三,恪守道德,塑造学习信用。科学研究能力成为现代大学生应当培养的基本能力之一,对大学生来说,继承前人和他人的学习活动固不可少,"科研"任务也是一个重要的存在。而任何科研成果都要通过论文、专著或者调查报告、实验报告等形式体现出来。大学生应从写论文开始培养自己的学术信用,不抄袭、不杜撰,参考文献和注释要准确;实验要一步步做,如实记录实验结果,不编造数据,不篡改结果;社会调查要亲力亲为,不可假他人之手,不窃取他人观点。总之,在学习期间学生的科学研究活动要遵循科研道德和科研要求。

(2)重义守诺,打造生活信用

第一,为人坦诚,讲究交往信用。大学生群体在智力发展水平、兴趣爱好等方面都非常接近,而且以集体居住的生活方式进行学习,为交往创造出良好的条件。相对于其他交往,这种交往更具平等性和非强制性,这对学生学会理解、尊重同伴,平等地接纳他人有十分良好的熏陶作用,不仅有利于个体提高自我意识,克服自我中心主义,而且对促进社会信用的发展也有着重要的意义。因而,更要坦诚相待,以信相交。交往应以坦诚为本,注重思想上的共鸣,尊重对方的自尊与自立。诚实是做人的基本要求,只有坦诚待人,才能团结和凝聚周围的人。如果口是心非,玩弄权术或相交往以利,那么一旦共同利益消失或有了利益冲突,就会利断而交绝。“君子之交淡若水,小人之交甘若醴;君子淡以亲,小人甘以绝”①。所以,同学之间的交往应坚持君子之交,这样在评优、选干等利益面前才能坦坦荡荡、实事求是,既坚持原则,又保持友谊。此外,同学交往中要相互守信互不失约,“言必信,行必果”,答应别人的事情就一定要想办法办到。出尔反尔、不守信用,会影响到自己在人际交往中的形象。

第二,保持理智,消费讲究信用。消费是大学生校园生活的一个重要方面,大学生往往是一群躁动的消费者,有着独特的消费意识和消费特点。大学生缺乏稳定的收入来源,经济实力相对薄弱。与之相矛盾的是,大学生具有强烈的消费欲望,难以抵挡多样的诱惑。这种矛盾不仅产生出许多消费误区,而且造成了大学生不安分的消费心理。比如,有些人盲目追求新颖,一味追求名牌商品来包装自己;有的人有很强的攀比心理,不顾自身的经济条件盲目地和经济条件好的同学攀比。在这种情况下,要帮助大学生树立诚信消费意识和正确的消费观。首先,消费要根据客观实际,量入为出。大学生要根据自身的经济实力和消费需求,对自己的消费行为进行合理的规划,以保证学习和生活的实际需要为前提。其次,要注重物质消费和精神消费的统一。大学生正处于学习的黄金时期,学习是最重要的任务,因此在保证基本物质生活的前提下,应加强精神文化的消费,如购买课外书籍等。最后,要讲究消费道德。消费行为不仅是个人的私事,也是个人道德修养水准的一个重要体现。在日常的消费行为中,大学生既不能靠违法乱纪来满足自己的消费欲望,也不能见利忘义、见钱眼开。要凭借自强自立的精神,以自己的劳动提高自身的经济能力。

---

① 刘新科,栗洪武. 中外教育名著选读[M]. 北京:中国人民大学出版社,2010.

三、道德规制下的信用建设

1. 道德的功能与作用

作为上层建筑的特殊成分和社会意识的特殊形式，道德在社会的经济生活、政治生活和精神生活中有特殊的作用。道德的作用是通过道德功能的发挥来实现的[①]。

(1)道德的功能

道德的功能是多元的，在不同的生活领域，有不同的功能。道德的主要功能包括认识功能、调节功能、教育功能、规范功能和论证功能[②]。

第一，调节功能。调节功能是道德的最主要功能。随着私有制的产生，人们为了追求自己的利益，人与人之间往往会发生利益冲突。为了保持社会生活的继续存在，必须对于个人利益的冲突加以调节，使人与人之间遵守一定的行为准则。这类准则就是道德。道德就是调节社会中人与人之间关系的基本准则。值得注意的是，人与人之间的关系很复杂，并不是人与人之间的一切关系都是依靠道德来调节的。道德的调节功能起主要作用的领域是私人关系的领域，如朋友、同学、同志、战友之间的关系和家庭内部、亲属之间的关系。

第二，教育功能。道德的教育功能，是指道德通过评价、激励等方式，造成社会舆论，形成社会风尚，树立道德榜样，塑造理想人格，来培养人们的道德观念、道德境界和道德行为。道德教育功能和道德教育不同，道德教育主要是指特定道德原则和规范的宣传，从而使人们建立起一个完整、系统的道德观念；道德教育功能，则是在特定的道德原则和规范实施的过程中，是在调节人们之间相互关系的过程中实现的。人们在自身道德生活中，通过其他道德行为、道德观念的影响，激发起自己的道德热情，从而积极主动地，按照社会或自我的一定的道德观念来调整自己的道德行为。

第三，规范功能。道德作为人们在社会生活中形成的各种行为规范

---

① 苏霍姆林斯基. 论德育和全面发展[M]. 上海：上海财经大学出版社，1997.

② 杜威. 道德教育原理[M]. 王承绪，译. 杭州：浙江教育出版社，2003.

总和,无疑具有规范和约束人们行为的功能。从道德的发展史看,道德一开始就是一种调整个人利益和社会利益的行为规范,其核心在于维护社会共同利益的尊严。马克思主义伦理学,从个人利益和社会利益的对立统一出发,来讲道德的想范约束,同时也把道德的规范,同发挥人的主观能动性和主体自觉性结合起来。道德的规范约束功能,不同于法律和宗教的制裁。道德的规范约束功能,通常是通过社会舆论和内心信念等手段,唤醒人们的良知和羞耻感、内疚感,从而实现自我控制和社会控制的道德目标。其中社会舆论作为一种强大的现实伦理力量,作用于社会成员的荣辱心,对人们的行为产生极大的影响。

(2)道德的社会作用

道德作为上层建筑中特殊的社会意识形态,以其特有的方式,在社会生产、经济、政治、精神生活以及人们的日常生活中,起着特殊的作用。这些作用概括起来有以下几个方面。

第一,道德通过对人们行为的调节而调整人与人之间的关系。每个行为主体都处在社会交往、社会关系之中,其行为对他人或社会必然会发生有害或有利的影响,道德就是把这种影响限制在一定的范围内,从而形成或巩固人与人之间一定关系的行为准则和手段。道德调整人们之间的关系又表现为它建立、维持一定的社会秩序。不同社会和阶级的道德所调整的人与人之间的关系是不相同的。在私有制社会里占统治地位的道德是剥削阶级的道德,它总是调整着两方面的关系:一方面调整着统治阶级内部的关系,维护着统治阶级的内部秩序;另一方面,它又调整着对立阶级之间的关系,即维护着剥削与被剥削、压迫与被压迫之间的关系。在社会主义社会,共产主义道德是在为全社会建立和维护人们之间同志式的平等互助关系服务的。

第二,道德对一定的经济关系和社会制度的建立、巩固和改变有着巨大的影响。一定社会中的人与人之间的关系和社会秩序,直接影响着那个社会的经济关系和社会制度①。社会风气不好、社会秩序混乱,这就会

① 爱弥儿·涂尔干.道德教育[M].陈金光,译.上海:上海人民出版社,2006.

使得这个社会的经济关系和制度遭到一定的破坏,反之,则会得到巩固。此外,道德对经济关系、社会制度还有着直接的作用和影响,这表现在道德通过对某种社会制度和影响这种制度的行为的肯定或否定,而指导、激励人们去建立、维护或破坏和改变这种社会制度。任何一种道德在它所适应的经济关系和社会制度将作为新生事物取代旧的经济关系和制度时,总是诅咒旧制度的恶与非正义性,歌颂新制度助善与正义性,为建立新制度做思想上、舆论上的准备,当新制度确立、新的经济关系成立之后,它又把人们的行为约束在这种经济关系许可的范围内,为巩固、维护这种关系及其相应制度服务。

第三,道德是影响生产力发展的精神力量。道德对生产力的影响作用,不仅表现在它通过社会秩序、社会制度和经济关系对生产力产生的作用,而且还表现在它是直接影响生产力发展的精神力量。劳动者是生产力中最重要的因素,劳动者的精神面貌如何、道德状况如何,直接影响生产力的发展。劳动者只有具备较强的责任心、较高的积极性、创造性,才能实现人尽其力、物尽其用,提高工作效率,才能促进各项事业的兴旺发达,从而促进整个社会生产力的发展。

2. 运用道德加强信用建设

第一,加强诚信道德教育。中华民族光辉灿烂的历史文化,铸造出中华民族独特的优良道德传统,这是今天的一笔巨大而宝贵的精神财富。在发展社会主义市场经济的今天,中华民族的优良道德传统不但不能丢,还必须发扬光大,特别是在大学生的诚信教育领域。要对大学生施行有目的、有组织、有计划的中华民族优良道德传统、社会主义道德、共产主义道德教育,让大学生逐步确立诚信的道德认识、道德情感、道德意志、道德信念。大学生通过不断的学习,真正成为诚实守信的、具有高尚道德情操的人,沿着正确的方向和道路修身成才。

第二,注重诚信道德实践。诚实守信的品格不应只存在于人们的心中,更要体现在人们的生活实践中。社会实践是育人的重要载体,是诚信道德建设的重要途径。在社会实践过程中,不仅可以检验大学生的诚信品格怎么样，还能督促他们积极养成诚信品德。要积极引导大学生参与志愿服务、参观调研等实践活动，加强活动的思想性，在活动中突出思想内涵、强化道德要求。对青年学生而言，在丰富多彩的社会实践活动中有助于他们在自觉参与中养成诚信品质、培养他们的诚信意识。

第三，向诚信道德模范学习。诚信社会的建设需要标兵人物的引领，他们的思想和行为对人有积极的影响作用，能够激励人们不断向善，这些标兵人物就是通常意义上的诚信道德模范。改革开放四十余年来，在各个地区、各行各业、各类人群中，具有先进事迹和高尚品格的道德模范可谓是层出不穷、不断涌现，诚实守信的道德模范是其中的重要一员。这些人的高尚品格是社会主义核心价值观的集中展现，学习他们的先进事迹对学生道德素质的提高和社会整体道德水平的提升都具有积极影响。作为新时代的青年学生，在学习专业知识的同时，也要向诚信道德模范学习，积极从道德模范身上获取前进的动力，学习他们诚实守信的事迹、崇德向善的品格，弘扬真善美、传播正能量，做诚信的守望者、积极传播者和践行者①。

四、法律规制下的信用建设

加强诚信建设光靠教育和道德是远远不够的，在这一过程中还要靠法律的规制。为了保证社会诚信建设的健康全面发展，就必须加强社会信用法律体系的建立。

1. 法律的规制作用

法律是调整人们行为的规范，具有规范性。这种规范性规定了人们的行为模式、指导了人们的行为性质。法律所规定的行为模式包括三种：人们可以怎样行为（可为模式）；人们不得怎样行为（勿为模式）；人们应当或必须怎样行为（应为模式）。

作为社会规范，法律不仅同社会礼仪、风俗习惯、职业规范有重要差

---

① 林茹. 高职学生敬业精神的培养[J]. 江苏高教，2007(04).

别,而且跟道德规范和宗教规范也有不同之处,其根本原因在于法律是由国家创制并保证实施的社会规范。由于这种规范是由国家制定或认可的,是建立在国家权力和国家意志的统一性基础之上的,因此和其他社会规范不同,法律在全社会都具有高度统一性和普遍适用性。法律的统一性主要体现为两点:一是各个法律之间在根本原则上的一致性;二是一个国家有且只有一个总的法律体系(极特殊的情况除外),并且在总的法律体系内部,不同的规范是不能互相矛盾甚至是完全割裂的。这种高度统一性是其他社会规范不曾拥有的①。法的普遍适用性是法作为一个整体在本国主权范围内具有普遍的约束力,所有国家机关、社会组织和个人都必须遵守法。不管是什么职位和身份的人,只要违反了法律,都要受到制裁。与此同时,那些合法合理的行为会受到国家的肯定与保护。

在这里需要特别注意以下两个方面:一是国家强制力是法律实施的最后保障手段,但这并不意味着它是唯一的保障力量。除了国家强制力外,道德观念、纪律观念等在保证法律的实施过程中也发挥着重要作用。二是虽然国家强制力是法律实施的保证力量,但这并不意味着在法律实施的任意过程中,国家强制力都可以随意地介入。人们之所以会遵守法律,对法律强制性的恐惧只是其中的一个原因,更重要的是法律是捍卫人民利益、保障人民权益的良法,人们遵守法律可以实现其权益。

2. 通过法律加强信用建设

第一,加强大学生法律教育。法律教育是大学生思想政治工作中一个极为重要的方面,要大力加强大学生的法律教育,让他们了解法律的起源、懂得法律的功能和意义,让他们掌握法律的基本知识,增强对法律的信任感、认同感。在此基础上,引导大学生树立崇尚法律、信仰法律的牢固观念,从内心深处对法律常怀敬畏之心。此外,要教会大学生如何正确地运用法律,一旦涉及和信用有关的矛盾和冲突时,要法字当头、依法化解,谨防采取非法方式。

---

① 黄正平. 文明礼仪教育:为学生成长奠基[J]. 人民教育,2011(18).

第二,加强信用制度建设。信用制度是约束人们信用活动的规则,对信用行为及关系有规范和保证的作用。从类型上来看,这种制度有正式和非正式之分。正式的信用制度指的是相关的信用法律制度和信用管理制度,而非正式的信用制度指的是相关的信用观念和信用习惯。法律应创造这样一个环境:即不讲信用者置身其中有一种羞耻和罪恶感,而且不讲信用者必须受到法律的严惩。此外,不守信用者除了受法律严惩外,还将受到舆论谴责。在这样的环境下,可以有效避免大学生失信行为的发生。

第三,完善学校诚信制度建设。关于学校的诚信制度建设,可以从以下几个方面入手①:第一,建立学生的诚信档案,将学生身份证、基本经历、奖惩情况、助学贷款记录、诚信记录等信息纳入档案之中,将其与学生的日常事务管理联系起来。这些档案并不是固定不变的,而是在学校统一管理下根据学生实际情况的变动随时更新,使诚信档案成为他们的一张重要的身份名片。第二,建立健全合理的诚信评价体系。学校是诚信建设的重要场所,承担着培养学生诚信品质的时代责任。学校要切实履行自身的责任和义务,设置科学合理的评价体系,并将诚信作为一项重要的标准纳入评价体系中,对学生的诚信状况做出客观公正的评价。第三,建立诚信监督机制。学生诚信品质的塑造,离不开健全的诚信监督机制。由于学生大部分时间都在学校生活,学校有监督学生诚信情况的得天独厚的条件。要充分利用学校广播、校园网、校报等途径,对大学生的诚信情况进行监督。对诚信的行为和事迹进行表扬,而一旦发现不诚信的行为要进行及时的劝阻,对那些情节严重的不诚信行为进行曝光。在健全的监督体系下,帮助大学生形成诚信观念②。

---

① 彭玉春,郑爱群.植根于学生心田的礼仪教育[J].教学与管理,2012(08).

② 崔国富,袁冬梅.高校学生诚信教育管理制度的建构研究[J].国家教育行政学院学报,2012(01).

第二节 “知书达礼”:大学生礼仪与言行

中国是“礼仪之邦”,讲“礼”重“仪”是中华民族世代相传的优良传统。就礼仪本身来说,其作为人类历史发展过程中逐渐形成并沉淀下来的一种文化形态,始终以某种精神的约束力制约和规范着身处其中的每一个人。从社会的角度来说,礼仪是人类为维系社会的正常生活而要遵守的基本道德规范。对个人来说,礼仪是个人思想道德水平、文化修养和交际能力的外在表现;对社会来说,礼仪是一个国家社会文明程度、道德风尚和生活习惯的集中体现。作为新时代的大学生,不仅要自觉学习中华礼仪,而且还要在网络环境中自觉规范自身的言行举止,做到“知书达礼”“明礼诚信”。

一、大学生的礼仪规范

1.礼仪的含义

关于“礼仪”的内涵,可以从“礼”和“仪”的含义中去判断。“礼”在广义上是大家共同遵守的礼节,它是由一定社会道德观念和风俗习惯形成的、并得到人们认可的礼节规范。“礼”侧重于人们对自己和他人持有的一种尊敬态度,更多的是指向内;“仪”是人的容貌和举止的统称,是通过一定的形式、程序、动作等表现出来的“礼”,它包含了仪容、仪表、仪态和仪式等多重内涵,更多的是指向外。因此,“礼”是“仪”的本质,而“仪”是“礼”的现象。在日常生活中,只有将“礼”和“仪”融为一体,才是完整的礼仪。

在对“礼”和“仪”进行阐述以后,要对“礼仪”进行一个简单的界定。“礼仪”是道德范畴,是人类社会交往中应有的礼节仪式。“礼仪”是人们在长期的社会生活、风俗习惯基础上形成的,在交往过程中外在表现的行为规则和形式的总和,它包括人们共同遵守的品行、程序、方式和外在的风度等。

2. 礼仪的原则

(1) 尊重原则

“礼”强调的是对自己和他人的尊重和敬意,它要求每个人在尊重自己的同时,也要尊重别人和尊重社会。实际生活中面对不同的对象,对于“尊重”的要求也不同,尊重上级是一种职业要求;尊重同事是一种创造和谐人际关系的要求;尊重下级是做人的一种美德;尊重对手是一种风度;尊重所有人则是做人应具备的基本教养。只有尊重别人,才能换来别人的尊重,尊重别人等于尊重自己。这种尊重原则运用到人际交往中,要求大学生学会使用尊称称呼他人,对于从事不同职业处于社会不同位置的人都能同等对待、同样尊重。

(2) 宽容原则

宽是指宽待他人,容即指相容,宽容是指一个人心胸宽广、忍耐性强。宽容要求大学生能够以宽大的胸怀包容别人不同于自己的见解、个性,甚至缺点、错误。具体来说,就是对别人的信念、信仰、行为、习惯等能够给予理解;对待别人的过失和错误不多加追究;对待不同的思想和观点,不采取压制或其他极端措施,而是来协调人、我、己、群之间的矛盾。

(3) 诚信原则

礼仪讲究的是“诚于中,形于外”,心中有“礼”,然后言行才有“礼”,以诚待人是人际交往得以延续和深化的保证,也是社交礼仪最基本的原则。“交以诚接以礼,近者悦远者来。”由此可见,诚实与守信二者密不可分。

诚即诚实、真诚、诚恳,是指待人的真实不欺和说话的客观公正。《中庸》中认为“至诚无息,不息则久,久则征,征则悠远,悠远则博厚,博厚则高明。”信即守信,即能够履行承诺而取得他人的信任。信是处世立身之德,是做人不可缺少的道德修养。信包括三层含义:第一,言而有信,遵守自己的承诺,说到做到;第二,做事讲信用,讲信用就会得到别人的信任,反之,则会失去朋友,失去人心;第三,对别人要信任,如果不信任别人，则无法取得别人的信任。

(4)适度原则

适度即通常所说的“分寸”，掌握好度，就成为做人、做事的成败关键。孔子所说的“中庸”之道，就要求把握适当的限度，以保持事物的平衡，使人之言行符合既定的道德标准，强调做任何事情不要走极端，切勿“不及”或“过”①。适度原则运用到大学生的人际交往中，即学会做事把握分寸，我们在待人接物时既要做到彬彬有礼，又不能低三下四，既要热情大方，又不能轻浮谄媚，在参与接待活动时，既要热情友好、谦虚谨慎、尊重来宾，又要自尊自爱、端庄稳重、大大方方，不卑不亢②。

3. 大学生礼仪的内容

礼仪包含的内容较多，如个人礼仪、社交礼仪、家庭礼仪、校园礼仪、求职礼仪、公务礼仪、涉外礼仪等等。在此，仅就与大学生生活密切相关的个人礼仪、校园礼仪加以阐释。

(1)个人礼仪

个人礼仪，是指每一个人在人际交往时要用以要求自身的有关规范，一般由个人仪容、举止、服饰、语言、交谈五大要素构成。对于大学生来说，注重个人礼仪，是人际交往中高素质的重要体现。

大学生个人礼仪首先应注重个人卫生，保持干净、清洁的面貌，才可能有良好的精神状态。其次，在服饰方面，大学生着装不要一味追求高档时髦，还要注意庄重整洁③。大学生服饰的款式、色彩和质地可以有自己的个性，但必须符合自己的年龄和身份，能够体现自己的气质，方才能彰显独特的个人品位。再次，注意自己的仪态，它主要包括在日常生活中的站、卧、坐、走、蹲、趴、表情、手势等姿态中。仪态千差万别，含义各不相

---

① 姜国峰，李敏. 当今学生诚信价值观冲突及培养路径整合[J]. 教学与管理，2013(21).

② 王静，张寒梦，郑俊. 人情法则制约下的大学生合作行为研究[J]. 中国青年研究，2015(10).

③ 靳诺. 立德树人：高等教育的根本任务和时代使命[J]. 中国高等教育，2017(18).

同。除此之外,大学生在社交中个还要注意自己的目光。行为学家认为,交往双方四目相投、目光交接之际才是人机交往真正开始之时,没有视觉互动便没有真正意义上的人际互动。但是,大学生在人际交往中要注意用亲切、友好、大方的目光给交谈着留下良好的印象。最后,注意言谈,言谈是人们在一定语境中,有目的地以口语及体势寓言进行信息传播和交流的一种活动。大学生在通过言谈进行交际的时候,需要注意表达方式和技巧,何时应该直率、何时应该委婉,应当把握好分寸,同时一定注意在交谈中不要使用污秽的语言,要使用文明用语,运用好请托语、致谢语、致歉语、礼赞语、委婉语和谦让语表达自己的观点,彰显大学生的礼仪修养。

(2)校园礼仪

大学的学习和生活都是在与人的交往中进行并实现的,大学生有着强烈的交往需求,大学生交往关系集中于师生关系、同学关系和集体关系三种。在协调和处理这些方面的人际关系时,大学生需要摆正自己的位置、遵守基本的礼仪规范。

第一,在处理师生关系时,需要相互尊重、相互关心和相互坦诚,在与教师真诚地交谈之中,追求学业的进步、实践能力的提升;第二,在处理同学之间的关系时,应该做到真诚友善、互帮互助、谦虚随和、诚实守信;第三,在集体生活中,要做到关心集体,不能凡事"我"字当头,个人至上,同时还要热爱集体,自觉维护集体的利益和荣誉,并且努力为集体多做贡献。

湖北高校曾做了一个有关"好室友的标准"的调查。在此次问卷调查中,有一道特殊的多选题:"你觉得影响寝室关系的因素有哪些?"统计结果显示,在四个选项中有两个选票得分最高,其中认为性格差异影响寝室关系的大学生占 91.13%,选择生活习惯的同学占 82.26%。在另外两个选项中,家庭背景占 27.54%、兴趣爱好占 52.4%。

不少同学在采访中表达了同样的观点,华中科技大学某专业大二学生认为:住在同一个寝室的 4 至 6 个人,大部分都来自不同的地区,大家各自有不同的生活方式和行为习惯,睡觉时间、卫生习惯等都会造成室友之间的争吵。在此次调查中,有一些关于室友如何相处的题目,如“如何向室友表达不满?”“如何解决与室友生活习惯差异很大的问题?”对于这类话题,“委婉告知”是大部分人的选择,除此之外,选择“直接当面告知”的人占了19.5%。

参与此次调查的还有武汉大学某专业大三学生,她与同一宿舍的同学们相处融洽。她们刚进入宿舍时便商议好了寝室室规,如熄灯必须就寝、一次性饭盒必须丢到寝室外的垃圾桶等。这位同学认为,正是她们遵守了共同商定的规矩,大家才能避免生活习惯不同产生的矛盾。

什么是好室友?好室友的标准是什么?是学习优秀、成绩优异,还是乐于助人、性格和善?这次采访搜集了19条好室友的标准,并将其列入问卷调查,供参与者进行选择。统计结果显示,“宽容待人,易相处,不斤斤计较”“性格开朗”“心系他人,不扰乱其他人正常生活”这三条标准位列前三。

著名教育家纽曼说:“一个年轻、充满活力的群体会凝聚成一个整体,它会体现特定的观念,会代表一种信念,会左右某种行为规范,会提供思想及行动的准绳。它会带来活生生的教育,随着时间的推移,它会形成一种生生不息、自我发展的传统,或者会形成一个所谓的人才汇聚地。”这种教育一经形成就轻易不会消散,就会影响这个群体中的每一个人。

因此,在大学集体生活中,特别需要同学的相互宽容、理解以及彼此适应,尽量做到了解、理解、化解、谅解、和解,最终形成一种和谐的氛围。这就对我们提出了几点基本要求:第一,在集体生活中,做一个包容的人。对自己、对他人都是如此;第二,在集体生活中,做一个善于沟通与表达的人;第三,做一个实事求是的人,没有根据的话坚决不说,不确凿的消息坚决不传谣;第四,做一个善于关心他人,乐于结交朋友的人。

二、网络社会中的礼仪规范

今天,在虚拟的网络社会中,更加需要我们遵守伦理和法律的限度。互联网时代带来的对道德规范的冲击之大前所未有。网络将人类行为加以抽象化、模糊化和虚化,道德主体不再明确,人们仿佛隐匿了。当我们论证互联网经济的好处时,我们秉持的是一种功利主义的视角,然而我们还应当思考另一种价值取向,我们想要什么样的交往形式,进而言之,我们需要一个什么样的网络生活,它不应单单是给我们带来实际的能看见的好处,还应当具备它内在的自身网络也是公共生活的一部分,是公共生活的自然延伸,甚至反过来影响了公共生活的健康运行。网络让人们更容易连接在一起,豆瓣、天涯以及贴吧等,像是一个又一个虚拟的、小小的兴趣共同体、社区和沙龙。它们槛低、容量大、更新快。网络在给我们提供便利的同时,也在发生着马克思所指出的"异化"问题,我们的脸孔在现实中变得冰冷,在网络中极化,我们的感情在现实中变得吝啬,在网络中井喷,我们逐渐被网络制造成了不完整的人。

如何在互联网中实现真正的自由和美好?

在网络虚拟世界中,应遵循现实生活中的道德标准,不因身份的隐匿而改变基本的道德行为准则;应提升网络讨论的质量,诚信是降低网络交流成本的不二法门:理性、宽容、平和地对待社会热点问题;以公民和大学生自身人文素质和科学素养来抗拒被网络"异化",回归"人之常情"的现实生活。大学生更应当遵守网络生活中的道德要求,成为营造清朗网络空间的正能量。

1. 正确使用网络工具

时代潮流浩浩荡荡,现在我们生活在一个科学技术日新月异的世界。互联网、云计算、大数据等现代信息技术不断发展,人们的生活方式和学习方式不断发生着改变,获取信息的方式更加方便、多样。对青年学生来说,报纸、广播等传统媒体难以满足自身的需求,所以大部分人依靠网络获取信息。但网络并非一片净土,虚假、低俗甚至反动消息沉渣泛起,淫秽和暴力等内容层出不穷,严重地影响了网络生活秩序,对大学生的道德观点产生了严重冲击。为此必须高度重视,要引导大学生正确使用网络,提高信息获取能力、加强信息辨识能力,使网络成为开阔视野、提高能力的重要工具。

2. 健康进行网络交往

随着互联网的蓬勃发展，诞生了以QQ、微信、微博、抖音为代表的社交软件，一方面为人们提供了实时聊天、邮件传送、网上交友等途径，丰富了人们的交往渠道，另一方面仍有不良信息和不法分子混入其中，妄图诱惑和欺骗他人。为此，大学生要树立自我保护意识，在不欺骗他人的同时也不轻易相信网友，避免给自己的人身和财产安全带来危害。与此同时，要开展健康有益的人际交往，网络毕竟不同于现实世界，不能以网络交往代替现实交往，不能因为网络交往而疏远家人、同学和朋友。

3. 自觉避免沉迷网络

网络世界无奇不有、无所不包，能让人们接触到前所未有的广阔空间。也正是因为网络具有的强大功能，而让一部分人沉迷其中无法自拔。当前，网上有数不清的网站、软件，更有无数的游戏，它们时刻吸引着人们尤其是青年学生的注意力。一个人的时间和精力都是有限的，一旦沉迷网络，在网上消耗过多时间，那么投入学习和生活的时间必会减少。此外，从网上得到的信息也并非越多越好，接收的信息越多，越有可能干扰自己的思维和行动。因此，大学生应提高自控力，避免沉迷网络，合理安排上网时间，给自己学习和生活留出更多宝贵的时间。

4. 加强网络道德自律

网络并非法外之地，同现实社会一样，网络中不仅有自由更有秩序。如果说享受互联网的自由是网民不可剥夺的权利，那么加强道德自律就应该成为网民不可推卸的义务。在这种情况下，加强个体的道德自律便显得尤为重要了，不仅有利于培养个人的良好自制力，也可以为维护网络道德规范提供基本保障。大学生应当在网络生活中培养自律精神，做到自律而“不逾矩”，为网络生活的健康和谐贡献力量。

5. 积极引导网络舆论

网络生活中不只有积极向上的内容，也有纷繁复杂的网络言。这些言论如果得不到正确引导，不仅对人们的思想和心灵有重要影响，而且必会引发各种社会问题。作为新时代的大学生,要积极弘扬主旋律、传播正能量,成为网络舆论的引导者,而不是不良信息的传播者和制造者。对模糊认识要及时廓清,对怨气怨言要及时化解,对错误看法要及时引导和纠正,积极营造清朗网络空间。

三、大学生的礼仪修养

礼仪修养教育是大学生思想定型、成熟不可或缺的一课,也是培养有知识、有文化、有品位、高素质的大学生的重要环节。人在大学时代,体魄成长基本定型,但情绪不稳定,待人接物、为人处世不成熟,面临成人、成才的最后定位,因此可塑性很强。大学生通过加强礼仪修养,可以把内在的道德品质和外在的礼仪形式有机地统一起来,将自己已有的知识转化成素质、修养,在实践中再外化出来,以达到内在美与外在美的和谐统一。

1. 提高礼仪认识

提高礼仪认识是进行礼仪修养的起点,也是实现礼仪修养其他环节的前提和基础。提高礼仪认识是将礼仪规范逐渐内化的过程,通过学习、评价、认同、模仿和实践过程。逐渐学习、构造、完善自己的社交礼仪规范体系,并以此来评价他人的行为,并调整自己的交往行为。当然要求人人对繁杂的仪规范都学得全面深刻、成为理论专家是不可能的,但人们应尽可能扩大视野、丰富礼仪知识。知识的来源是多方面的,如可以学一些礼仪史,掌握一些伦理学、心理学、公共关系等方面的基本知识,还可以通过日常的观察、学习,了解社会习俗和风土人情,积累各方面的社会知识,这对于开阔眼界、提高礼仪知识,是大有益处的。

2. 明确角色定位

礼仪修养的目的之一是要通过修养,使个人的言行在社会交往活动中,与自己的身份、地位、社会角色相适应,从而被人理解,让人接受。社交角色不同,所应遵循的礼仪要求也就不同,如上下级之间、男女之间、亲朋之间、主宾之间、同事之间等,其礼仪要求是有差别的。正式场合与非正式场合的礼仪要求也是不同的。在人与人之间的交往活动中,社交成功的重要标志是个人使自己的行为与他人和社会的期望相符合。如当经理就要有当经理的样子,当学生就要有学生的样子。角色不仅给个人确定自己的行为提供了规范,而且为人们相互了解、相互交流、相互评价、相互理解提供了标准。人们在社会交往中,往往需要以不同的身份出现,这种身份的变化就是角色的变化,其行为必须符合社会对这一角色所认同的规范。混淆角色及其行为规范,轻则不礼貌,重则不道德,要遭到舆论的谴责。

3. 陶冶礼仪情感

无产阶级革命导师列宁指出:“没有‘人的感情’,就从来没有也不可能有人对真理的追求。”情感与礼仪修养是息息相关的。仅有礼仪认识还不够,必须得到感情上的认可,才会使人“心甘情愿”,甚至情不自禁地去遵守礼仪规范。如果没有真挚的情感,即使凭理智去遵循礼仪规范,也会显得勉强不自然。礼仪不是摆谱,做花架子,它需要真诚。如果缺乏对他人的关心、重视、尊重,一切礼仪就会变成毫无意义的形式。陶冶情感包括两方面的内容:一是形成与应有的礼仪认识相一致的礼仪情感;二是要改变与应有的礼仪认识相抵触的礼仪情感。

4. 参加交往实践

大学生仅仅只从理论上了解礼仪的含义和内容是不够的,一切礼仪修养必须结合人与人之间的交往活动来进行,一个人只有在人与人之间的交往实践中,在对别人、对组织的各种关系中,才能认识到哪些行为是符合礼仪规范要求的,哪些是不符合礼仪规范要求的。只有在相互交往所形成的礼仪关系中,才能改造自己的礼仪品质,要克服自己的非礼行为,也必须依赖于交往实践。

5. 养成礼仪习惯

礼仪修养要达到的最终目标就是要人们养成按要求去做的行为习惯,习惯是已经自动化了的行为活动,是在平时的日积月累中养成的。习惯一经养成,就会成为无意识的行为而表现出来,如一个人养成了待人接物有礼貌的习惯,那么他在交际场合遇到他人时,就会主动向对方问好;

看现场体育比赛和文艺演出时，就会自然而然地用掌声来表达感情，而不是无节制地乱喊起哄。人们在社会生活中会接受各种不同的影响，那些失礼的行为随时都有可能发生。所以要使自己成为一个知礼、守礼、行礼的人，就要不断按照礼仪规范修正自己的行为，养成礼仪习惯。

第三节 “敬业乐群”：集体意识与职业道德

任何人都是处在一定的社会关系中从事社会实践活动的人，社会属性是人的本质属性。从出生的那刻起，就决定了每个人都从属于一定的社会群体，正确处理个人与集体的关系就成为一个重要的问题。集体主义是社会主义道德的原则，注重集体意识的培养。在处理个人利益与集体利益的问题时，要以集体利益为重，并且要求个人能将这种道德原则应用到职场生活中，在职业道德中做到爱岗敬业、诚实守信、办事公道、服务群众，既体现出奉献社会的精神，也彰显出社会主义道德的集体主义原则①。

一、作为社会主义道德原则的集体主义与集体意识

朱光亚，我国著名核物理学家、国防科技战线杰出的领导者和组织者，为我国国防科技事业立下了不朽的功勋。朱光亚从20世纪50年代开始，和许多著名科学家一起，在极端艰苦的情况下，组织领导了我国原子弹及氢弹的研制工作，为“两弹”的研制作出了重大贡献。凭借其巨大的贡献，朱光亚先后获得国家科技进步特等奖、“两弹一星功勋奖章”等荣誉称号。2004年国际小行星中心和国际小行星命名委员会批准将我国国家天文台发现的、国际号为10388号的小行星正式命名“朱光亚星”。

---

① 戚如强.习近平立德树人思想的理论渊源与精神实质[J].马克思主义研究，2018(07).

朱光亚的成功离不开其自身高尚的品格。朱光亚有强烈的集体意识，凡是接触过他的人都有这样的感触：对于自己的巨大贡献，他从来都不提，认为自己只是作了一些分内的事情，充分展现了这位老科学家不为功名的高尚品质和虚怀若谷的博大胸怀。1996 年初，解放军出版社策划出版"国防科技科学家传记丛书"。由于朱光亚在国防科技事业中的贡献巨大，他自然是必写对象之一。但是在报请审批时，朱光亚把自己的名字划掉了。与他从不张扬自己相反，他特别强调他人在国防科技中的重要贡献，多次强调钱三强、王淦昌、邓稼先、程开甲等科技专家的功劳，却从不谈自己的贡献。

1996 年朱光亚荣获"何梁何利科学技术成就奖"，奖金为 100 万元港币。在颁奖之前，朱光亚就想好了这笔钱的用途，要把奖金作为中国工程科技奖助基金捐赠出去。曾有人建议他捐赠其中的一部分，比如捐赠 50 万就不少了。可是他却一口回绝，坚持捐赠出全部的奖金，希望为中国工程科技界做一点工作和一份贡献。尤其令人敬佩的是，在这笔钱捐赠出去之后，朱光亚又反复叮嘱周围的人不要张扬。可以说，不宣传不张扬自己，把集体主义放在心中，是朱光亚的一贯风格。事实上，他也是这样做的。

小组讨论：1. 朱光亚身上体现了一种怎样的道德品质？你怎么看待他的做法？2. 在价值多元化背景下，如何加强以为人民服务为核心、集体主义为原则的社会主义道德建设？

学生回答：略（可以用课堂派、学习通等辅助软件的选人功能或抢答功能组织学生讨论）

教师点评：第一流的人物贡献给这个社会的，在道德品质方面往往比在才智方面重要得多。若是一个人没有品德仅有才智，那么他很可能不会给这个社会带来福祉，甚至会带来灾难。朱光亚是我国老一辈科学家才识与品行双馨的优秀代表，他从不谈自己的成就和贡献，只谈别人和集体，这种缄默展示着这位老科学家虚怀若谷的博大胸怀，体现了他无私奉献、一心为公的革命道德品质。尽管不同英雄模范人物在不同的岗位和工作上,走的是不同的道路,但他们都是在为人民服务的实践中锻炼和成长起来的,他们都拥有高尚的道德品质,并且将这种道德品质在实践中表现出来,以此助人为乐、造福人民、服务社会,他们都有着全心全意为人民服务的道德境界。中国古代有立德、立功、立言之说,在新时代我们仍要倡导这种精神,继承和传扬中华民族的优秀道德,弘扬社会主义道德,在工作、学习和生活之中真正践行起来,沿着道德层次的阶梯循序渐进地向上攀登。

集体主义是社会主义道德的原则,强调的是国家利益、社会整体利益和个人利益的辩证统一。在我国,国家利益、社会整体利益和个人利益是相辅相成、不可分割的,三者具有根本利益上的一致性,这使得集体主义应当而且能够在全社会范围内贯彻实施。根据人们思想道德的实际,可将集体主义分为三个层次的道德要求:一是无私奉献、一心为公,这是共产党员和先进分子应努力达到的道德目标,是集体主义的最高层次;二是先公后私、先人后己,这是对那些具有较高社会主义道德觉悟的人的道德要求;三是遵纪守法、热爱祖国,这是集体主义的最低层次,是对公民最基本的道德要求。

集体主义强调国家利益、社会整体利益高于个人利益。在实际生活中,个人利益和国家利益、集体利益并不完全是一致的,一些矛盾现象时有发生,这是正常的社会现象。在发生的一系列矛盾中,大多数是可以缓和和化解的,而有的则会引发一系列或大或小的冲突。一旦发生冲突甚至是激烈冲突时,必须坚持国家利益、社会整体利益高于个人利益的原则。也就是说,在这类问题面前,个人应当以大局为重,服从国家和集体的利益,在必要时甚至要作出一些牺牲。社会主义集体主义之所以强调这个原则,既是为了维护国家、社会的共同利益,最终也是为了维护个人的长远利益和根本利益。

集体主义重视和保障个人的正当利益。倡导集体主义并不是意味着不管个人的正当利益。在一些人看来,集体主义是对个人的压制和个性的束缚，这完全是对集体主义的曲解。事实上，正是集体主义为个人品德的培养、能力的提高、个性的彰显提供了道义保障。也正是因为个人的正当利益得到保证、个人的价值得到实现、个人的尊严得到维护，个人的才能得到发挥，集体才能有更强大的生命力和凝聚力。但值得注意的是，集体主义重视个人利益的实现是有条件的，重视和保障的是个人的正当利益，那些不分场合、不分时间的、不合理的利益需求，并非是无条件得到满足的。对于损人利己、损公肥私的行为，集体主义不但不保护，而且强烈反对和禁止。

当今世界正经历百年未有之大变局，改革开放深入推进，社会主义市场经济不断向前发展，人们的生活正在发生着深刻的变化。在道德领域，一些新问题不断涌现，一些新矛盾不断凸显，必须适应实际变化，坚持高举集体主义原则，做到“任尔东西南北风”。在社会主义市场经济不断发展的今天，集体主义之所以被需要且继续发展，是因为集体主义的巨大优越性，它有助于克服市场自身弱点，有助于形成追求高尚的良好社会风气，有助于社会主义市场经济的健康发展。当代大学生是社会主义事业的建设者和接班人，应正确认识和处理国家、集体、个人的利益关系，自觉坚持个人利益服从集体利益的原则，反对小团体主义、本位主义和极端个人主义，在日常工作中养成和践行集体主义原则，为将来走向社会奠定坚实的道德基础。

二、职业道德

随着生产力的不断发展，社会分工日益精细，专业化程度不断提高，激烈的市场竞争对从业人员的职业能力、职业态度和职业纪律的要求越来越高。在这种时代背景下，加强职业生活中的道德规范，养成良好的职业道德，不仅有利于保证各行各业的从业者就业得顺心顺意，而且也是促进社会持续健康发展的必要条件。

1. 职业生活与劳动观念

职业是一种专门的业务和特定的职责，是由于社会分工的出现而形成发展的,并以此作为主要生活来源的社会活动。职业生活是一种生活方式,是由于人们用专业知识和技能创造出了物质财富和精神财富,由此获得了合理的报酬,并用这些报酬丰富社会物质生活或精神生活。

劳动在人类社会发展中的作用举足轻重,是社会发展的重要推进器,是个人生存的前提。劳动没有高低贵贱之分,不同的人从事不同的劳动,都是光荣的事业,都应该得到尊重。对于社会上的人来说,正确的劳动观念是维系一个人职业和生活的观念保障。无论从事什么劳动,都要牢固树立"劳动最光荣、劳动最崇高、劳动最伟大、劳动最美丽"的观念。要大力弘扬工匠精神,干一行、爱一行、钻一行,通过劳动创造更加美好的生活①。有的人在平凡的岗位上作出了不凡的业绩,而有的人则在令人羡慕的岗位上碌碌无为。因此说,不管从事什么行业、干什么工作,只要踏实劳动、勤勉肯干,就能在劳动中发现广阔的天地,在劳动中创造不平凡的业绩,在劳动中立足成长成才,在劳动中实现自身的价值,赢得社会的认可和人民的尊重。

许多劳动模范平凡而感人的事迹,就充分地说明了这一点。"蓝领专家"孔祥瑞、"金牌工人"窦铁成、"新时期铁人"王启明、"新时代雷锋"徐虎、"知识工人"邓建军、"马班邮路上的信使"王顺友、"白衣圣人"吴登云、"中国航空发动机之父"吴大观等一大批劳动模范和先进工作者,他们立足自身的本职工作,勤奋刻苦,为国家和人民建立了杰出功勋,是新时代最可爱的人,是人们学习的榜样。

2. 职业生活中的道德规范

职业生活中的道德规范即职业道德,是指从事一定职业的人在职业生活中应当遵循的具有职业特征的道德要求和行为准则。爱岗敬业、诚实守信、办事公道、服务群众和奉献社会是职业生活中的基本道德规范。

说到麻风病,许多人都会望而生畏,但在地处江西省州东部的于都县黄峰乡安背麻风病康复村,有一个人却和麻风病打了 40 年的交道,那里

---

① 宇文利. 全身心立德下功夫树人——学习习近平总书记关于立德树人"六个下功夫"的论述[J]. 思想理论教育导刊,2018(11).

医疗条件相对落后，医务人员少，他既当医生又做护护理员，不管是看病还是病人的日常料理都是一个人做，他为病人打针、敷药、清洗溃烂的伤口，护理眼、手脚畸残的病人，给他们喂饭、吸水、抹身子，将救治麻风病人之责时时记在心上，从未有过任何埋怨，他就是肖卿福——江西省州市于都县皮防所支部书记、皮防科科长，一个不惧麻风、治人医心的阳光使者。

肖卿福，男，1948 年生。1974 年，20 岁出头的肖卿福从赣南卫生学校毕业，被分配到于都县皮肤病防治所，得知是从事麻风病防治工作，亲朋好友都表示反对。但是，肖卿福还是背起药箱，走进了黄麟乡安背麻风病康复村。

刚进村时，他害怕得一夜未睡，连床都没敢碰，第一次接触麻风病人时，他全副“武装”。接治的第一个麻风病人是残患者，老人治愈后双手双足成爪形，行动不便。看到老人的艰难，肖卿福暗下决心，要用自己全部的心血去帮助麻风病人。他知道当好麻风病医生，比当好其他医生确实更难。麻风病有传染性，常常受到他人疏远和歧视，病人对他人包括医生都带有戒备心理，不能很好地配合治疗。肖卿福想到“要治病，先得走进病人心里”，所以他把患者当亲人，想办法消除他们的心病，取得信任，配合治。他经常个人独自行走在崎岖的山路上，穿梭于村落和田垄间，一路随访病人，细致地为患者治疗、护理，无悔坚守。肖卿福逐渐赢得了病人的信任。有人说肖卿福傻，干麻防工作又苦又累，不值得。但是不管别人怎么说，肖卿福却乐此不疲。他把自己的青春奉献给了麻防事业，也把爱心给了那些麻风病康复人员。肖卿福有多次机会可以调整工作位，但他最终都选择了坚守。“选择了，就不后悔。”说起当年的选择，他依然透着坚定。现在，仍经常会有康复的病人打电话给他，诉说心中的喜怒哀乐。

在病人眼里，肖卿福就是他们最亲近的人。肖卿福在平凡的工作中善于积累经验和丰富专业知识，医风严道，责任心强，已独立确诊新发、复发病人 300 余例，为州市 18 个县(市)的麻风病人范行康复矫正术 20 余例，从未出现医疗差错事故。他采取中西医结合治疗和康复医疗并举，经常性地开展对病人普改医学常识，并示范自我护理，经他治疗的病人无一新发畸残和畸残加重。他为了减少人们恐麻心理，除给医务人员进行专题技术讲座，还利用各种宣传方式向社会公众宣传麻风病可防、可治、不可怕的科普知识，他在全市麻防战线上率先不穿藏隔离服与麻病人及家属促膝谈心、共餐，以身示范。经过肖卿福和他的同行的共同努力，于都县安背村的麻风病患病率从 1966 年的 10 万分之 23.5 下降到 2009 年的 10 万分之 0.5。肖卿福是全省麻防专业技术学科的带头人，先后荣获全国麻风战线突出贡献奖、"马海德奖""全省麻风病防治先进个人"。

2015 年 2 月 27 日，肖卿福被评为感动中国 2014 年度人物。颁奖辞是这样说的：偏见如同夜幕，和大山一起把村庄围困。他来的时候，心里装着使命，衣襟上沾满晨光。像名战士，在自己的阵地上顽强抵抗；像一位天使，用温暖驱赶绝望。医者之大，不仅治人，更在医心，他让阳光重新照进村庄。

职业道德中最基本的规范是爱岗敬业，而在职业中最高的精神境界是把职业当作事业，在职业活动中时时刻刻不忘奉献社会。

2014 年度"感动中国"人物肖卿福医生用 40 年的坚守践行了爱岗敬业和无私奉献的职业精神，他四十年如一日，坚守着自己的信念、自己的诺言，用自己的青春年华和辛勤汗水，换回了一个个鲜活的生命。他与患者携手共抗病痛，以真诚、真爱、真心对患者不离不弃。肖卿福说："守护麻风病人，这是命中注定"，他在麻防岗位上兢兢业业、默默奉献，为麻风病人倾注了真情，全身心地忘我地投入到了麻风病的防治工作中，把病人当亲人，不再把医生职业仅仅当作谋生手段，而是当作实现人生价值的舞台。他不仅把最美好的青春年华都奉献给了麻风康复村，而且即使有机会可以离开也不愿离开，甚至在退休后再次选择留下。他"像一位天使，用温暖驱赶绝望。医者之大，不仅治人，更在医心，他让阳光重新照进村庄。"他的大医情怀，赢得了人们的尊重。

具体来说，当大学生走出校园、步入职场之后，在职业道德方面应做到以下几点。

爱岗敬业。对在岗位上的人来说,爱岗敬业是最基本的职业要求,它体现了从业人员对职业的一种态度。爱岗敬业的道德品质要求从业者热爱自己的工作岗位,敬重自己所从事职业的道德操守,对待工作要极端负责、精益求精、勤奋努力、恪尽职守。

诚实守信。诚实守信是中华民族的传统美德,在当今的道德建设中亦具有不可替代的位置,已经成为社会主义核心价值观的一条重要准则。对个人来说,诚实守信是赢得他人支持和认可的高尚品德;对社会来说,诚实守信是社会的基本道德规范,是维护社会正常秩序的基本保证;对国家来说,诚实守信是国家形象的一个重要象征。而在职业道德中,诚实守信是从业者步入职业殿堂的通行证,是在这个殿堂上发光发热的助推剂,也是在行业中扎根立足的基础。因此,在职业活动中,从业者要诚实劳动、合法经营、信守承诺、讲求信誉。

办事公道。在职业活动中,以公道之心办事是必须遵守的道德要求。因此,在职业活动中,从业者要做到公平公正,不以权谋私。在社会主义制度下,尽管不同的从业者的工作各有不同,但是他们都是平等的,唯一的区别在于所从事的工作不同。在职业生活中,无论对人对己都要出于公心,遵循道德和法律规范来处事待人。

服务群众。为人民服务是社会主义道德的核心,无论从事什么工作、无论这个人能力如何,在本职岗位上都要以服务他人为准则,通过不同形式为群众服务。如果每一个人都能自觉遵循服务群众,为他人考虑,就会形成人人都是服务者、人人又都是服务对象的良好秩序与和谐状态。

奉献社会。奉献社会是职业道德要求中的最后一个,其重要性不言而喻,它是社会主义职业道德的最高目标指向。在任何岗位上的人都要立足本职工作,踏踏实实工作,尽心尽力工作,努力提高自己,在平凡的岗位上为社会主义事业的发展作出属于自己的一份贡献。

第四节 “己欲立而立人”:为人处世中的合作原则

合作是自然界生命本源和进化前行的规则,是人类繁衍生息和发展进步的阶梯,也是时代革新和技术进步对职业人提出的基本要求。从科学的角度看,科学已经跨越了时间和学科的界限,甚至跨越了国界,本身就是合作的典范;从世界的角度看,科学家之间需要建立密切的合作关系,利用集体的智慧和力量解决事关人类命运的全球性问题;从人的个体角度看,在当今的环境下,个体的生存与发展更加需要各种各样的合作,即便是我们日常生活中最简单的事情,其中包含的合作层次也远远超出我们的想象。那么,合作有什么意义?需要具备哪些条件?如何培养大学生的合作精神呢?

一、合作及合作的意义

1. 合作与合作精神

合作(英文为“cooperation”)一词源于拉丁文,原意是指成员之间的共同行动。在我国的汉语词典中,合作常解释为共同完成某项任务或互相配合做某事。作为人类社会存在和发展的重要手段,合作是人们在社会交往中所表现出的有利于人和社会的行为,是亲社会行为的表现。从字义上来看,合作者指的是合二人以上之力共同工作,集合多数人之力,做少数人不能成功之事;从经济制度方面来看,合作是人类以共同的力量,根据平等原则,共同组成某一群体,以增进他们经济上的乐趣和利益。合作是在人际交往的过程中,个人或群体基于某种共同的利益目的,彼此经过协调而形成的相互帮助、相互依存、相互提携和团结共进的联合行为。从概念中可以看出,合作行为的主体至少包括两个人,可以是个体与个体之间的合作,也可以是个体与团体以及团体与团体之间进行的合作。合作的前提是为了共同的目标和利益,目的也是追求共同的目标,以享受共同成果。成功的合作需要具备以下基本条件。第一，要有共同的目标，哪怕是短期的目标；第二，对目标所要实现的途径和步骤等要有一致的认识，并在行动中必须遵守；第三，要共同创造相互理解、彼此信赖、互相支持的良好氛围；第四，具有赖以生存和发展的一定物质基础包括设备、通讯和交通器材工具等，也包括空间上的最佳配合距离，时间上的准时、有序。

2. 合作的意义

合作是人类互相作用的基本形式之一，是人类社会赖以生存和发展的永恒动力。世界上无论是哪一件事只要是两个人及以上的都需要一个共同的意志，即是一个共同的要求，才能产生出共同的行为来。否则便是像散沙一般，永远不能组成一种合力，去克服一切的困难。在远古时代，由于自然条件十分恶劣，生产能力较为低下，为了战胜严重的自然困难，也为了自身的生存和种族繁衍，原始人类不得不聚居而住，集体打猎，以获得生存所必需的食物。当时的人类合作行为是一种本能行为，而不是一种自觉行为。随着科技的迅猛发展，社会的不断变化合作精神显示出前所未有的魅力。知识经济时代的到来使合作的范围扩大，不仅包括人与人间的协作劳动，还包括不同学科、不同专业间的交叉与融合，包括单位与单位、地区与地区、乃至于国家与国家之间的合作。无论哪种形式的合作，其执行者都是人，人只有具备了合作意识，并通过行为方式体现出来，才能形成做人的基本合作品质和相应的合作态度。

当代的大学生是社会发展的建设者和接班人，是未来社会的建设者和生力军，要肩负时代赋予的历史责任，开展高校素质教育。解决世界重大难题，顺利实现个人成长，需要大学生拥有较强的竞争力，更需要具备沟通合作的能力和素质。加强对大学生合作精神的培养，不仅关系到大学生自己的发展和未来，也关系到国家的繁荣昌盛、民族存亡和社会进步。

合作品行作为一种涉及人际利益关系的行为，成为了衡量一个大学生是否具备优秀思想品德的重要指标。优良的合作品行包括互相信任、坦诚相处、勇担责任和资源共享等内容。应摒弃“人都是自私的”的错误观念,树立“我为人人、人人为我”“三人行必有我师”等合作观念,在实践中形成一种精神财富。良好的合作品行对于良好社会风尚的形成和社会主义和谐社会的构建具有积极的意义。

二、合作的四大要素与知识储备

1. 合作的四大要素

亚当·斯密指出:“人类社会的秩序之所以可能,人类之所以能够合作,我们之所以能够组成社会,不仅仅是因为我们自私,而是因为我们时时刻刻都有某种设身处地为别人考虑的能力,始终都有换位思考的禀赋,这也就是我们一般泛泛而谈的有同情心。”这种用同情作为基本原理的“合作起源说”以道德为逻辑依据阐述了合作产生的基础及合理性。这种“道德”在实际生活和交互的过程中表现为一种意识和行为的逻辑起点,即团结协作这一具体行为的前提,下面从“合作的起点”——合作的四大要素入手,阐述合作这一行为所需要的基本保障。

要素一:合作意识

“合作意识”是指个体对某一共同行为及其准则的情感与认知,是合作行为得以产生的前提和基础。从广义上来说,“合作意识”这种认知与情感是人类与生俱来的一种能力和需求,从西方的亚当、夏娃到东方的伏羲、女娲,人类的繁衍过程就可以看作是团结协作的一种形式。然而,随着人类社会的不断发展,团结协作这种行为由需求必定被运用到越来越多的领域中,团结协作的内容、形式、方法等均成精细化趋势,“合作意识”已不单单停留在认知与情感的被动接受上,而必须是一种主动的积极的学习过程,为随时可能到来的合作机会做好一切身心上的准备。

思考题:1. 有哪些因素使我们习惯于“闭门造车”,如何克服这些因素带来的阻碍? 2. 合作的基本能力包括哪些? 有哪些是你所不具备的?

要素二:团队协作精神

在通常意义上,团队协作精神是大局意识和协作精神的集中体现。团队协作精神的形成有一个起点和前提,这个前提就是要尊重个人兴趣和成就,在此基础之上协同合作,朝着同一个目标迈进。团队协作精神的最高境界是全体成员的凝聚力和共同愿景,这个愿景融合了团队利益和个体利益,体现了二者的有机统一,为组织的高效率运转提供了保证。团队协作精神在主张团队成员共同努力的同时,尊重个人的自我意识、某一特长和鲜明个性。团队协作精神作为组织文化的一个重要环节,适当而科学的管理可以通过合适的统筹安排,将每个人安排到合适的岗位上,通过个人努力发挥集体节能。如果离开了正确的管理,个人也缺乏良好的从业心态和奉献精神,就不会有团队协作精神。

要素三:沟通

沟通对于建立良好的团结意识起着直接作用。如果说团结意识是团结行为的起点和基础,那么沟通就是团结行为能够顺利进行的桥梁和工具。这里的沟通不是广义上的沟通,更多是强调人们之间信息和思想的传播。沟通通常有以下几个要素组成:信息的发送者和接收者、信息内容以及信息传达渠道。

要素四:人际关系学说

人际关系学说的诞生将管理学长期以来关注的重点从"事务"本身转移到了"完成事务"的"人"身上。人的积极性受劳动生产率提高和科学技术进步的影响,在生产实践中日益凸显。人的积极性问题越来越引起企业管理学者和实业家的重视,有些专家学者对其进行了科学的研究。其中最为著名的当属霍桑实验,这个实验为形成一种较为完整的、全新的管理理论奠定了坚实的基础。实验证明,人们的行为并不完全在于趋利的动机,人们追求的目标往往包括社会方面、心理方面的需要,也就是我们常说的人与人之间的感情及社会生活过程中的安全感、归属感和自我实现等,较之单纯的金钱和利益,人们对于后者的需求往往更大。因此,要想真正了解一个人的需求,只从物质方面着眼是远远不够的,社会心理、精神等方面也要加以考虑。

具备了团结合作的意愿,最重要的就是如何积极地表达出来。比如,在共同参与学习的同学中,你是否了解他人的基本情况?你是否能够顺畅地向他人表达自己希望与对方共同学习进步的意图?请思考以下几个问题。

(1)在大学四年的学习和生活过程中,你在哪些方面需要与他人进行合作?

(2)你的同学和社会关系中,哪些方面需要你做出努力,或者需要你提供一定的支持?

(3)回忆梳理一下你现在所处的各种组织,组织中大家的共同愿景和目标是什么?你所在的组织能够为你带来什么好处?

(4)你对于组织的价值是什么?你通过什么方式去表达在组织中的合作意图?

2. 合作的知识储备

在现实生活中,我们常常会感到"心有余而力不足""好心办了坏事"等心理要素以外的合作难题,这主要归咎于技术层面知识性和实践性的缺乏。合作之初必须确定要做什么事,将会达成什么样的效果,也就是我们常说的要充分理解合作的目标,同时把握能够实现目标的方法。要想提升对合作目标的理解层次,成为一个能够议大事、懂全局的人,首先就要了解合作需要掌握的一些基本知识和在一些合作中约定俗成的礼仪。

(1)人际交往能力

概括而言,人际交往能力就是妥善处理组织内外关系的能力,包括与外界环境建立联系的能力、对外界信息进行吸收和转化的能力以及正确处理各种关系的能力。人际交往能力的要素包括三个方面:第一,表达理解能力。表达能力的好坏,意味着一个人能否通过有效沟通使得自己的意图和见解准确地传达给他人,而理解能力的优劣,则决定了接收他人信息的能力,影响理解能力的因素有很多,如所处社会地位、所受教育、生活环境等。第二,人际融合能力。实践证明,人际融合能力与人的个性有着极大的关系，它决定了一个人能否被周围的环境和所处的组织所接受，是一种综合能力的体现。第三，解决问题能力。解决问题的能力在很大程度上决定了一个人在组织中的地位和影响力，当下一些大学生依赖性强，缺乏独立解决问题的能力，尤其是在实践中独当一面的责任和担当，这大大影响了大学生的交往能力。

(2)合作中的礼仪

在人际交往中，礼仪是一个极为重要的环节。礼仪涉及交往、沟通、穿着等各个方面，是以约定俗成的程序和方式来表现律己敬人的过程。从个人角度来看，礼仪是一个人内在修养和素养的外在表现形式；从群体角度来看，礼仪是人际交往过程中的一门艺术、一种交际方式、交际方法，是约定俗成的示人以尊重友好的习惯做法。合作中的礼仪主要包括商务礼仪、社交礼仪、服务礼仪等。个人礼仪是指个人社交形象的设计塑造与维护它被视为社交礼仪的基础，心理学中常说的首因效应会导致他人对自己的看法与评价的第一印象，而影响手因效应的因素，通常由个人的仪容表情、举止、服饰等要素构成。个人利益在总体上有两条原则：一是“三应原则”，即应事、应己、应制；二是“修饰避人原则”。

十个社交礼仪中的“不得不知道”：

①正装中的色彩——三色原则；

②多人介绍过程中的次序；

③握手的伸手次序；

④座次的排序；

⑤行走过程中的次序；

⑥礼品的选择和赠送方式；

⑦名片的交换和索取；

⑧会议时的席位排列；

⑨宴请时的席位排列；

⑩敬酒的礼仪。

思考题:以上这些礼仪规范你都知道吗?如果不知道,请课余时间查询资料并跟同学们交流。

三、大学生合作精神的培养

1. 案例:华盛顿合作规律——旁观者效应

1964年3月,美国发生了一起轰动一时的谋杀案。案情经过是这样的:一位酒吧女经理在凌晨3点时突然遭人追杀,女经理一边奔跑一边呼救,然而求救无效。整个作案过程大概有30分钟,在这期间有38户居民听到或看到了,令人震惊的是不仅没人出来制止,连拨打报警电话的人也没有。这件事震惊全美,不少媒体发声谴责这些旁观者,对这些人的冷漠感到羞愧,觉得他们给美国丢了脸。这件事也引起了心理学家的关注,其中巴利和拉塔内两人从另一个角度看待这件事,他们认为这些人之所以无动于衷,除了自身不近人情外或许还有更好的解释。

为了证明自己的猜想是对的,巴利和拉塔内想了一个办法,做了一项实验。他们邀请了一个假扮的癫痫病患者和72个正常人,这72个人是不知道事情真相的。实验内容是以一对一和四对一两种方式,相互间使用对讲机通话。在讲话过程中,他们要时刻保持远距离联系。

实验结果同上述事件一样匪夷所思,当假扮的癫痫病患者大呼救命时,在一对一通话的那组,去报告有人发病的占据85%;而在四对一的那组,只有31%的人冲出工作间,去报告有人发病。

通过这项试验,两位心理学家对这起事件作出了社会心理学的解释,称之为"旁观者介入紧急事态的社会抑制",即"旁观者效应"。根据这个效应,倘若出现紧急情况时,一旦有其他目击者在事发现场,人们都会关注其他在场者的反应。这就转移了人们真正的注意力,导致每一位旁观者都无动于衷。一桩桩"见死不救"的事件,在众多旁观者身边发生了。

请你思考以下问题:

(1)你在班级或参加的各类组织中有没有出现过类似的"旁观者效应",你是那个"受害者"还是"旁观者"?

(2)当你是一个活动的组织者或一个组织的管理者的时候,如果发生“旁观者效应”,你的决策无人执行或大家都互相推诿的时候,你该怎么办?

2. 案例分析

华盛顿合作定律产生的最主要原因在于“旁观者效应”,这是因为众多旁观者的存在,个人应该承担的责任和义务被分散了,导致每个人都无法投入进去,于是合作难以成功。换句话说,倘若只有一个人从事某项工作,身边没有旁观者,那么就消除了这个人的侥幸心理,由于责任全部由他一个人承担,他就会尽力去做某件事,所以“一个和尚挑水喝”。倘若有两个人在场,那么这两个人都会犹豫不决,等待身边的人去做,却忽视了自己也有责任,最后只好“两个和尚抬水喝”。倘若有三个或三个以上的人,情况便会变得更加复杂,由于存在众多的旁观者,彼此之间相互“踢皮球”的现象将会更加严重,结果“永无成事之日”,最后“三个和尚没水喝”。这也就是说,当许多人共同从事某项工作时,群体的每一个成员都成了旁观者,忽视自身应该承担的责任,彼此相互推诿,结果合作不成功。

3. 大学生合作精神的培养

大学生合作精神的培养是一项复杂的系统工程,具体来说,要从以下几方面做起。

第一,培养沟通与表达能力。培养大学生的沟通与表达能力是非常重要的。以面试为例,这是一个在短时间内决定一个人的去留的方式,如果不能在有限的时间里充分展示自己,那么很可能会错失良机。现代社会就是如此,这是一个日益开放的社会,机会稍纵即逝,有了好的想法要尽快让别人了解,这就需要良好的沟通与表达能力。在大学生活中,要注意培养这方面的能力,主题演讲、课堂回答问题、学术交流给同学们提供了一个表达自我、展示自己的机会。同学们要抓住这样锻炼的机会,积极表达自己的看法和意见。与此同时,要善于学习,在实践中学习与人交流和沟通的技巧,不断增强自身的表达沟通能力。

第二,培养做事主动的品格。无论是在学校还是在单位,领导都不喜欢只知道听差的人。人之所以为人，就是因为有主观能动性，有思维、能创造。无论对待学习还是做其他事情，应该主动去了解自己应该做什么，并且周密规划，认真工作，全力以赴地去完成，只有这样才能走向成功。被动地等待是永远得不到领导欣赏的。

第三，培养敬业的品质。任何一个成功的团队，都需要有某些共有的特质，其中敬业的品质是所有团队都需要的。有了敬业精神，才能激发团队的斗志，把团队的事情当成自己的事情，为实现团队的目标而努力，养成不论学习还是干什么事都认真对待的好习惯。因此，在参与集体活动时，要有强烈的责任心，发挥自己的聪明才智，想方设法认真完成好个人承担的任务。要知道，有才能但不敬业的人没人敢用。

第四，培养宽容的品质。现在的大学生多数都是独生子女，从小受到家人的宠爱。特别是一些家庭环境比较好或有家庭问题的孩子，要么就有发自内心的优越感而看不起他人，要么就对周围的人缺少信任感，这样的同学更不容易做到宽容待人和与人合作。实际上，每个人都有自己的长处和不足，正是有各有优点的成员组建的集体，才能有无穷的可能，这也正是集体存在的意义。人们在交往中往往会表现出四种人生态度：一是“我不行，你行”，二是“我不行，你也不行”，三是“我行，你不行”，四是“我行，你也行”。前三种都不能客观地评价自己和他人，表现出自卑、嫉妒、自负，只有第四种才是健康的人生态度，才是团队中应该提倡的。这需要我们在与他人相处中，要客观地看待和评价自己和他人，既不自大又不自卑，也不嫉妒，形成良好的与人相处的心态，并在日常生活中运用。

第五，培养全局观念。全局观念对一个集体来说是十分重要的，就像龙舟比赛，它考验的不仅是个人实力的高低，更重要的是团队成员之间的密切配合，在手上、在脚上、在行动中体现整体观念。在团队中，有自己的个性是正常的，但个性必须与团队的行动一致，不能和团队的整体利益相冲突。因此，大学生要有整体意识、全局观念，团队成员之间互相帮助，互相照顾，互相配合，为集体的目标而共同努力。只有如此，他人才能主动与你合作。

第四章　心系高远　提升品味

第一节　新时代青年的信仰与理想

如果说青春是一朵鲜花，信念就是阳光和雨露，而花儿的根叫作担当和责任。云淡风轻，浮云飘逝，青春无悔，只为托起心中的朝阳。春意盎然，欣欣向荣，意气风发，今天拥有青春，坚持心中的信念，于是肩负重任，编织未来而传下不朽的佳话。习近平总书记曾在北京大学师生座谈会上讲道："有信念、有梦想、有奋斗、有奉献的人生，才是有意义的人生，当代青年建功立业的舞台空前广阔、梦想成真的制景空前光明，希望大家努力在实现中国梦的伟大实践中创造自己的精彩人生。"①

本节探讨主要三个问题：一、新时代的青年为什么要有理想和信仰？二、什么样的信仰和理想才是新时代大学生应有的？三、如何在实践中将自己的信仰和理想转化为现实？

一、新时代的青年为什么要有理想和信仰

1. 什么是理想和信仰

新时代的青年为什么要有理想和信仰？首先我们要弄明白什么是理

① 吴东. 提升高校教师职业道德修养的意义及方法[J]. 大众科技，2019(9).

想和信仰。我们把理想、信念和信仰作对比分析。

先看一下信念。信念是指人们对某种现实或观念抱有深刻的信任感的精神状态。比如,我们常说的“开卷有益”“正义必胜”等就是信念。一个人可以有许多信念,它们之间并不一定形成自觉的系统。信念也有正确和错误之分,信念的科学性和正确性不仅仅在于知识,更重要的在于科学思维方式和方法。而信仰和理想则不同。

信仰,它是人所特有的普遍意义的精神现象。信仰所激发的人的意志、情感和激情,要比许多信念有力、持久得多①。信仰是什么呢?简单来说,信仰就是使人们关于最高或极高的信念。在这里信仰可以是一种信念,即对于某些尚未被证实的客观状态或观念的确信;但并非一切信念都能成为信仰,信仰是信念的一种特殊的、强化的、高级的形式。

理想,《辞海》里关于理想的解释:一是指同奋斗目标相联系的有实现可能性的想象;二是符合希望的、使人满意的。从这一含义可以看出,理想是以一定信念和信仰为基础的价值目标体系。理想产生于信念,但不同于信念。信念中所包含的知识经验和逻辑等理智成分,即为主体所确信和把握的关于客观世界的知识,是理想得以形成和确立的基础、前提之一,它们决定着理想是否科学、正确和可信 ,是否可以实现。理想的内容指向取决于信仰但是理想又不同于信仰,人们信仰什么,决定人们按照什么方向和原则形成自己的理想。“例如:信仰上帝或神。就把进入天堂、上帝或神同在当作理想;信仰真理,就把追求合伙的真理作为理想;信仰天人合一、天人感应,就会把追求天人和协作为理想。但是理想并不仅仅停留在信仰的水平上,它还意味着把信仰的对象同现实的条件及其未来发展联系起来,同自己的生活道路及其未来成果联系起来,使之成为一种具体的、具有现实感的形象体系。”也就是说,理想中包含了信仰和为信仰所联系的具体社会图景的统一。理想是信仰对象的未来形象,是具体现实化的信仰。

“理想是信念的根据和前提,信念则是理想实现的重要保障。信念

① 杨小林.崇德修身勤学笃实担当有为[J].河南教育(高校版),2015(10).

是对理想的支持,是人们追求理想目标的强大动力。信念一旦形成,就会使人坚贞不渝、百折不挠地追求理想目标。在人的生命历程中,理想和信念总是如影随形,相互依存。在很多情况下,理想亦是信念,信念亦是理想。当理想作为信念时,它是指人们确信的一种观点和主张;当信念作为理想时,它是与奋斗目标相联系的一种向往和追求。"

信仰是信念的升华。真正的信仰是与崇高和神圣连在一起的,是对于崇高和神圣价值的信念。

2. 人为什么要有信仰

信仰作为人特有的一种精神现象,是完善人生所必不可少的。孟子说:"饱食、暖衣、逸居而无教,则近于禽兽。"人不仅有自然属性,还有精神属性和社会属性。因此,人不仅需要物质享受,更需要有充实的精神生活。人的本质是对于生命意义的探索,是人的精神性的彰显。"而人的精神性及其在生活中的实现,其实质或核心乃是一个精神家园的寻找问题——所谓精神家园也便是人所确信不移的精神努力目标,是人的终极关怀,是被人认作自己生存之根本的精神理想。"可见,信仰是人的价值生活或意义生活所不可或缺的精神动力,没有理想信念的人就像是没有灵魂的人,没有灵魂的人会产生一种"空无感、疏离或价值无根感",精神上就会无所寄托,只能去寻找纯粹的物欲满足,因而不能称之为一个完整意义上的理性的人。

可见,信仰是人们对人生观、价值观和世界观等观念的选择和持有,它能够驱使人们共同应对不幸和灾难,促成整个社会的相互作用和支持;信仰也是一个民族繁盛的精神支柱,是一个国家富强的重要动力。大学生是我们国家社会主义建设事业的主力军,是我们国家的脊梁,因此大学生具备坚定科学的信仰理念和积极的精神风貌尤为重要。

二、新时代大学生要树立马克思主义的科学信仰

"青年兴则国家兴,青年强则国家强。青年一代有理想有本领有担当,国家就有前途,民族就有希望。"实现中华民族伟大复兴的中国梦是

当代大学生的历史使命。新时代大学生要肩负起新的历史使命,必须确立马克思主义的科学信仰。只有确立马克思主义的科学信仰,才能运用马克思主义的立场、观点和方法去发现问题、分析问题和解决问题,才能真正为实现中华民族伟大复兴的中国梦贡献自己的力量。新时代青年为什么要树立马克思主义的信仰?

1. 马克思主义是科学的又是崇高的

马克思主义深刻揭示了人类历史的发展规律,以解放全人类为己任,反映了无产阶级的革命本质和博大胸怀,为人类的进步和解放指明了正确的方向,为人类认识世界和改造世界提供了科学的立场、观点和方法。马克思主义是指导工人阶级和广大劳动人民实现自身解放的强大的思想武器。历史上,从来没有一种理论像马克思主义那样,与工人阶级和劳动人民的命运如此密切地联系在一起。过去曾经也有种种同情人民群众的思潮和学说,但只有马克思主义才真正反映和代表人民群众的根本利益和要求,并用马克思理论揭示了工人阶级获得解放乃至解放全人类的现实道路。

(1)马克思主义为我们提供了科学的立场

人民性是马克思主义最鲜明的品格。马克思恩格斯在《共产党宣言》中明确提出,“共产党人始终坚持为无产阶级,为绝大多数劳动人民谋利益。为人民谋幸福,是中国共产党人的初心。”从毛泽东提出共产党人要“全心全意为人民服务”的重要思想,人民利益至上是中国特色社会主义制度的根本价值取向;邓小平关于必须把“人民拥护不拥护、赞成不赞成、高兴不高兴、答应不答应作为衡量改革和一切事业根本标准的”重要思想,到江泽民关于“中国共产党必须始终代表最广大人民根本利益”的重要思想,到胡锦涛“以人为本作为贯彻落实科学发展观的根本出发点和落脚点”的重要思想;以及习近平坚持“以人民为中心”的发展理念。从中我们可以清楚地看到一条一脉相承又与时俱进的思想主线,这就是:始终站在人民大众立场上,一切为了人民,一切相信人民,一切依靠人民,诚心诚意为人民谋利益。坚持马克思主义的立场,就会对人民群众有真挚的情感,切实为人民群众服务。

在2020年的全球疫情防控过程中,中国共产党始终坚持人民至上,把人民群众生命安全和身体健康放在第一位,应收尽收,应治尽治,彰显出中国特色社会主义制度“以人民为中心”的价值优势。疫情暴发伊始,习近平总书记反复强调,要以“人民为中心,始终要把人民放在心中最高的位置,始终全心全意为人民服务,始终为人民利益和幸福而努力工作”。生命重于泰山。面对疫情,以习近平同志为核心的党中央一开始就明确要求把人民群众生命安全和身体健康放在第一位。按照“集中患者、集中专家、集中资源、集中救治”原则,严格落实早发现、早报告、早隔离、早治疗措施,坚决做到应收尽收、应治尽治、应检尽检、应隔尽隔①。不惜付出封城禁足、工厂停工、公共场所停业等一切代价防控疫情,救治患者,不忽略每一个病人,不放弃每一个生命。在生命面前,做到人人平等。与此同时,面对疫情突发对民生所带来的重大影响,各级政府坚持就业优先,积极保障“米袋子”和“菜篮子”供应,强化对困难群众的救助保障,关心关爱一线人员,为境外我国公民提供必要防护指导、物资保障和交通支持。

与我们国家形成鲜明对比的是,某些西方发达国家面对疫情仍然秉持“资本至上”的价值立场,宁愿牺牲民众生命,也不愿意让资本利益集团为巨额防疫投入买单,甚至提出“群体免疫”策略,并将其美化为“更高级的人道主义”。他们计划让绝大部分人感染新冠病毒,通过牺牲部分人的生命,使大部分人获得抗体,最终获得群体免疫力。鼓吹“群体免疫”的背后,不过是社会达尔文主义的当代变种。社会达尔文主义作为西方国家人权理论的思想支柱,很显然,他们所谓的“人权”本质上是建立在生产资料资本主义私有制基础上的资产阶级的特权、财产权,是资产阶级的剥削权、压迫权和掠夺权,是少数剥削者剥削多数被剥削者的人权的行为。社会达尔文主义把人民受剥削受压迫说成天经地义,是反人民的理论。“群体免疫”策略更是体现了西方资本主义制度的虚伪性和反

---

① 中国疫情防控的重要决策部署和思想指南[N],2020-4-14

人民性。

【案例】

全球疫情仍在加剧蔓延,意大利等欧洲国家已经成为全球疫情新的“震中”,美国的情形同样非常糟糕。从目前的局面看,西方多个国家的疫情似乎已经失控,短时期内很难扭转,能够尽量减少病例和减缓死亡人数的迅猛增加已属不易①。

西方多国为何疫情防控不力,目前观察主要有以下几方面的原因。

首先,缺乏强有力的疫情防控统一组织指挥和全面协调的体制机制。

美国是联邦制,下面有 50 个州,还有华盛顿哥伦比亚特区(Washington D. C.)和多个海外领地,全国有 3144 个县。虽然美国的政治、军事、外交、国防大权掌握在联邦政府手中,但根据美国宪法,各州在其他方面有单独的体系和权力,总统就是再强硬、把话讲得再狠,甚至宣布全国紧急状态,也无法解决联邦政府与各州县市政府之间,在具体应急机制、应急资金、应急资源、应急人员和应急设施设备等诸多方面的顺利对接、协调统一、管控应对一系列实际问题,以致联邦政府的很多政策宣布,包括白宫提出的防疫抗疫指导方针,大多难以落实。

德国、瑞士也是联邦制,与美国有很多类似的问题。法国和意大利虽为共和国,但下面分为多个大区、省市,实际权力也很分散,平时彼此之间的矛盾隔阂就不小。西班牙、比利时是王国,行政等权力也不集中,如西班牙全国划分为 17 个自治区、50 个省和 8000 多个市镇,情况非常复杂。

荷兰王国由本土 12 个省和海外领地组成。海外领地由圣俄斯塔休斯、萨巴、博纳尔 3 个海外行政区和阿鲁巴、库拉索、荷属圣马丁 3 个自治国组成。荷兰政府的权力仅限于国防、外交、国籍和引渡等方面,阿鲁巴、库拉索、荷属圣马丁 3 个自治国皆有各自完全的自主权和自治权。

另外,即便联邦政府、中央政府有统筹权,但因立法、行政、司法独立,

---

① 张雷,张涛. 疫情防控视域下中国特色社会主义制度优势的多维思考[J]. 西安航空学院学报,2020(3).

这些国家的政府实际上也受到各种掣肘，很难快速形成统一意志和决策部署。在应对疫情危机等紧急情况时，难免发生互相扯皮、推诿和行动迟缓等情况，甚至各行其是，缺乏应有的合力与效力。美国各州抱怨就很多。

欧盟2019年12月以来组成新班子，并显示出欧洲理事会、欧盟委员会和欧洲议会在推进欧盟建设方面少见的团结协调与集体行动。以冯德莱恩为实际主心骨的欧盟，面对新冠肺炎疫情，意志、决心和措施的力度都很大，欧洲央行也很快显示出全面支持配合，但欧盟有27国，其抗疫决策与协调行动比欧美单个国家行动更难。仅宣布欧盟国家关闭边境30天，就立即遇到了一系列事先没有想到的问题。

欧洲新闻为此评论说，欧盟在抗疫方面决策部署和行动一致了，但可能欧盟联合体将松散了，因为27个成员国国情和区位不同，各有各的难处。这些国家加入欧盟都是为了得到更多利益，若结果是付出多于获得，制约多于独立，将难保有国家会变成第二个英国。

其次，面对突如其来的疫情，西方国家领导人心态复杂，决策受掣肘。

舆论认为，在疫情暴发后的相当一段时间里，西方一些国家政府在应对疫情方面表现得麻痹大意、轻视忽视，不是犹犹豫豫、患得患失，就是避重就轻，生怕经济受损。一些评论指出，一些西方国家的领导人面对疫情和民众，“花拳”打得不错，“公演秀”不断，但就是迟迟不出真招。华盛顿在疫情出现的两个多月里，都坚持认为美国实力强大，新冠病毒没什么了不起，不断称疫情在中国，美国没有，美国不过几例，美国的疫情完全在控制之下，美国完全能战胜病毒。特朗普的这些言论，现在被美国媒体回放，不仅成了笑料，而且成了重要的证据，对其很不利。

伦敦更有自己的一套。一向强硬果断的约翰逊首相此次面对疫情，一直在与其英国皇家医学科学专家等顾问团队分析疫情，研究对策，但作出的判断是疫情迟早会过去，甚至公开提出“集体免疫”，先让英国一些人感染，看看疫情究竟有多严重，只要很多人感染了，国民就有免疫力了，理由是英国有限的医疗资源应该用到最关键的时刻。在遭到世卫组织的严厉批评和本国舆论的激烈抨击后,约翰逊转变态度,强调抗疫,但至今不愿做出对英国甚至仅对伦敦完全封锁的果断措施,导致英国疫情从最早的伦敦地区的几例扩大到英伦三岛全部地区。

有英媒分析,其实约翰逊心里很明白,他迟迟不肯强硬出手,很可能与英国精明的"严酷计算"国家战略传统有关。从二战到冷战、核战,英国一直都是采取"以有力进攻"取代被动应对准备的"精明严酷计算",当年英国不挖防空洞,不大量建设钢筋混凝土掩体,而是悄悄地加快发展自己的先进军事力量,准备在遇到来敌轰炸时牺牲一部分民众,当局坚持认为这才是英国的"精明算计"应对上策。

其他一些欧美国家领导人,也出于国家稳定、经济减少损失以及民众情绪、政治文化和生活传统考虑,不愿采取其他国家已被事实证明行之有效的封城等严格的防控措施,以致错失了防控疫情的最佳时机。但严酷的事实在不断教育他们。曾在奥巴马执政时期任美国国防部长和中央情报局长的莱昂·帕内塔,近日在接受美国多家媒体采访时,认为特朗普总统的抗疫态度已经从最初的套路变为实际行动的开始,因为他已别无选择。

再次,西方多国担心经济下滑,救市救企考量重于疫情防控。

大西洋两岸的欧美国家,从 2018 年下半年以来都面临日益加大的经济下行和民众不满的压力。华盛顿虽一直吹嘘美国经济强劲发展,就业率创新高,股市连创新高,已经实现美国"伟大的回归"。但很多分析认为,其实美国经济有表里不一的两面性,尤其美国股市的泡沫太高了,特朗普高调张扬,主要是为了在 2020 年的大选中以经济为王牌赢得连任。面对美国大选战日益激烈,特朗普脑子里主要想的是如何保住并进一步刺激经济发展,恐怕对疫情并没有看得那么重。

约翰逊在 2021 年 1 月底带领英国强行脱欧后,也试图尽快结束与欧盟、美国等经济体的经贸谈判,力争英国利益最大化,目前谈判正处在关键时刻,因此约翰逊不得不将心思集中于经贸。另外,他作为英国新首相,曾经在 2020 年的党内选举和全国大选中,都发誓要带领英国重新辉煌,如果经济搞不上去,显然有失民望。

德国经济一向稳健强劲,长期被誉为欧洲经济的“火车头”,但2020年以来也开始走下坡路,去年第四季度的GDP出现了罕见的负增长,作为德国经济主要支柱的出口业在大幅下滑。即将退出政坛的默克尔总理,不愿看到连续10年保持增长的德国经济发生衰退,以免出现黯然离任的场面。

意大利、法国和西班牙的经济近年来更是不景气,尤其意大利经济警报连闪。这三个国家因为经济不振,社会矛盾激化,国民严重不满。因此面对突发疫情,在采取措施大范围关停企业和中止经济活动时,领导人有点犹豫,他们不得不观察疫情发展态势,在万不得已时才动真格,以免因大范围关停而致经济雪上加霜。

最后,西方多国采取的封城等硬性疫情防控措施,不够严格和扎实。

意大利是全球首个宣布封锁全境的国家。之后,西班牙、法国、比利时等欧洲国家也采取了部分封城措施,后又宣布扩大为全国范围“封锁隔离”。美国加州等多个州也相继实施了封锁措施。就这些国家本身而言,这些防控措施已经是罕见的了,甚至是史无前例的。但从全球看,特别是与中国的严控措施相比,这些国家的严控措施力度还是不够的,特别是其中漏洞不少,也就难免造成了病毒传播和疫情继续扩散。

面对“封城”,西方国家从上到下的心态极其复杂。理论上,不少人赞同“封城”,但在实际执行中执行不严,甚至反对声浪、抵触情绪和冲突行为相当多。主要原因在于以下几个方面。

一是西方国家国情复杂。由于政治、历史、文化等原因,不少人行为散漫,不愿意接受封城等严格管束。西欧国家在这方面表现尤为突出。约翰逊首相多次规劝人们远离社交,但英国媒体报道说伦敦等地的一些酒吧“仍然人满为患”,结果英国最近三分之二的病患死亡与此有关。意大利社会的乱象更多,一些人依然自由散漫,我行我素,白天和晚间都有人从隔离区溜出小聚。

二是西方多国在封城方面遇到法律障碍。应对新冠病毒被多国宣布为“一场战争”，多国领导人甚至已自称为“战时总统”，不少舆论甚至认为目前的防疫战不是战争但胜似战争。然而，人们遭遇的毕竟不是硝烟弥漫，以致他们在实际生活中依然对疫情的严重性、危害性普遍认识不足、重视不够。

英国媒体报道说，伦敦等地的一些年轻人认为“一品脱啤酒仍值得一喝，老年人认为英国人赶走了纳粹分子，所以他们不会被微小不见的病毒所吓倒”。政府对那些违反禁令者也是应对不严，处罚不重，而相当多的人则满不在乎。

在法律上，德国迄今没有全国统一的“灾难法”，仅有“紧急状态法”，但该法描述的主要是内部和外部军事威胁，对于新冠病毒这样的大流行病表述不够。而且德国还是在经过长期的激烈辩论后，才于 1968 年通过紧急状态法的，但仅将该法作为德国《基本法》的补充部分。因为，当初的魏玛共和国结束时颁布的紧急状态法导致了纳粹政权的崛起，这一历史给所有德国人留下了难以抹去的记忆。因此紧急状态法的批评人士认为，国家不应再次“简单”地超越公民权。

英国等国也被认为在法律上缺乏应对严重疫情的有力和明确支持。即便法律上涉及，要真正按照法律实施封城等严控措施，程序也较复杂，舆论也较混杂，民意也难统一。而当局出于目前的疫情需要实施严控，又担心给自己带来麻烦和政治、法律后遗症。

三是西方多国领导人虽强调加强抗疫，但顾忌民意和民众情绪较多，因而表态软弱，行动迟缓。3 月 17 日晚，默克尔总理发表其近 15 年总理任内极其罕见的电视讲话，表示疫情严重改变了德国的生活，但表示自己很清楚关闭全国活动场地、学校、幼儿园和儿童游戏场是多么残酷的决定，因为“这些限制措施是联邦德国从未有过的”，她同时强调了德国是一个民主国家，“我们不依赖强制，而是依赖共享知识以及通力协作”。这样一来，德国一些人又感觉到他们有自由度了。

约翰逊首相在宣布政府的防疫措施时，被认为几乎是像民主论坛上的讨论者，始终避免使用“要求”“必须”“严禁”之类的强硬用词。

甚至连 93 岁的英国女王伊丽莎白,虽面对疫情心急如焚,但她在 3 月 19 日直接向国民喊话时,也只是意味深长地指出,“我们国家的历史,是由人民和社区团结起来共同建设的。我们都被建议改变我们的正常生活习惯和规律,以实现我们所居住社区的更大利益……在这样的时刻,我想起了我们的国家的历史是由人民和社区团结在一起作为一个整体而建立的,集中我们共同努力,着眼于共同目标”。舆论注意到,她通篇没有提出英国应该采取强硬的管控措施。

英国《太阳报》的评论指出,如果英国没有全体国人的共同努力、共同克制和遵守,“我们就无法战胜冠状病毒,摆脱这场噩梦”。欧美一些舆论指出,现在国家和国民已经处于极度的生命危险之中,还在空谈什么“自由”,这样做岂不是在自杀吗?有评论责问道:“此时此刻,生命和自由浪漫,究竟哪个重要?”

四是一些西方国家领导人实际上仍然念念不忘经济、市场和就业等问题,担心防控措施过于严格,特别是采取全面封城隔离等,会导致国家经济全面停滞。曾准确预测 2008 年金融危机的美国对冲基金公司预计,如果疫情得不到快速遏制,美国将因此损失 2 万亿美元,GDP 将降低几个百分点,美国将有数千万人被迫失业。另外,西方多国领导人还担心采取封城等硬性措施,会给政府带来现实和长久的很多麻烦,仅引发的商业和劳工纠纷及赔偿问题,就不好解决。

(2)马克思主义为我们提供了正确的观点

马克思主义是关于自然、社会和人类思维规律的科学认识,是人类思想成果和社会实践经验的科学总结。马克思主义基本内容包括马克思主义哲学、政治经济学以及科学社会主义三个主要组成部分。马克思主义的两大基石唯物史观和剩余价值论为“两个必然”的得出奠定了理论基础。可以说,马克思主义是无产阶级解放事业的指路明灯,它以建设共产主义理想社会为最终追求,在世界新民主主义革命、社会主义革命和社会主义建设的进程中不断证明其正确性和指导意义。比如,人民群众是历史的创造者,是社会物质财富和精神财富的创造者,是社会变革的决定力量,由此得出要坚持群众观点和群众路线等等。

(3)马克思主义为我们提供了正确的方法。

这些方法是确立在辩证唯物主义和历史唯物主义世界观、方法论基础上的思想方法和工作方法。是与马克思主义世界观相统一的方法论,是指导我们正确认识和改造世界的根本思想方法和工作方法。

2. 马克思主义具有持久的生命力

马克思主义虽然诞生于19世纪,但是并没有停留在19世纪,也不仅仅为社会主义国家做出了贡献。作为一个指导革命与建设为己任的开放的理论体系,马克思主义吸收、提炼人类创造的一切科学知识,并将其运用于推动社会历史进步。在马克思去世之后的很多年里,有一种声音时不时地会出现,那就是马克思主义过时了。尤其是20世纪八九十年代,世界社会主义受到严重挫折。西方世界很多人热烈庆祝这一历史性的胜利。鼓吹马克思主义终结,社会主义终结。那么问题来了,马克思主义真的过时了吗?答案当然是否定的。今天我们已经看得非常清楚,东欧剧变不是马克思主义的失败,恰恰相反,是主动放弃马克思主义指导地位后的失败。事实上大家都知道,一种已经被时代淘汰的思想,是不会也不需要拿出来反复宣判它的过时的,唯一的解释就是他依然展示着强大的生命力。

1999年9月,英国广播公司BBC曾经组织开展过一个千年思想家的评选,结果马克思位居第一,排名第二的是著名的科学家爱因斯坦。2008年金融危机席卷世界,马克思现象再一次在西方世界生成,有人曾经这么总结过中国近百年的历史:1911年叫作只有资本主义才可以救中国(辛亥革命);1949年叫只有社会主义才可以救中国(中华人民共和国成立);1991年叫只有中国才可以救社会主义(苏联解体东欧剧变);2008年叫只有中国才可以救资本主义(国际金融危机),到了2020年叫只有中国才可以拯救全世界(新冠疫情)。然后透过这些类似调侃的总结背后,其实也可以看到中国确实经历了一个被别人拯救到拯救别人的这么一个过程。其实这正好是马克思主义的力量,也是21世纪的中国马克思主义的魅力所在。西方有些学者也在质疑为什么马克思的时代已经不在了,但是他却依然还在？答案很简单,因为马克思所揭示的生产力和生产关系的矛盾运动依然在起作用;因为马克思所揭示的剩余价值规律依然在起作用;因为马克思所揭示的人类社会发展规律依然在起着作用,因为马克思主义的基本原理和思维方法依然在起着作用。

邓小平当年曾说过:世界上赞成马克思主义的人会多起来的。今天的世界虽然社会制度还有着差异,社会意识形态各有不同,但是有一个观点已经成为共识,那就是马克思主义并未过时。中国让社会主义学说重新伟大。

3. 马克思主义以改造世界为目的

马克思曾经说过,哲学家们只是用不同的方式解释世界,而问题在于改变世界。这鲜明地表明了马克思主义重视实践、认改造世界为己任的基本特征。一个半世纪以来,在马克思主义的指导下,社会主义由空想变为科学,由科学理论变为社会实践,出现了社会主义国家,建立了社会主义制度,深刻改变了人类历史的走向。苏联解体、东欧剧变使世界社会主义运动遭受了严重挫折,但是中国共产党在马克思主义的指导下,高举旗帜,成功走出了一条中国特色社会主义道路。

三、在爱国的实践中将自己的信仰和理想转化为现实

有了信仰便有了责任。责任是信仰的原动力,是信仰的支撑。责任让我们用青春浇灌信仰,让我们为之矢志不渝,无怨无悔。而我们的最高责任就是爱我中华、建我中华。为了这一伟大目标,无数英雄竞折腰。苏武忠于祖国把青春献给祖国,这是源于他对祖国的热爱;周恩来为中华崛起而读书,把青春全部奉献给对祖国的复兴建设,这是他的责任。同样也是每一个中华儿女应当肩负的责任。

1. 中国没有“垮掉的一代”,只有“永不弯曲的青年脊梁”

在过去的二三十年里,“垮掉的一代”这个帽子,先后被安到中国80后、90后以及00后的头上。

进入新千年之际,80 后进入社会。他们身上迥异的个性和行为特征,很快就成了媒体口中“垮掉的一代”,许多人担心这些没有经历过艰苦、不懂得责任的年轻人是否靠得住?然而,很快,80 后在接二连三的自然灾害和突发事件中证实了自己。特别是 2008 年的汶川大地震,以“80后”为主体的志愿者们,凭借极大的精神热情、坚强意志和专业技能,让全世界真切地感受到了中国“80 后”强烈的责任心、事业心和爱国心。

现如今的 80 后已不再年轻,最大的 80 后也到了不惑之年。90 和 00后一登场,“垮掉的一代”这个帽子就甩在了他们头上,并贴了不少标签:任性、冲动、脆弱,自我为中心以及精致的利己主义等等。看了这些,我们不免会忧心忡忡,把我们的未来把我们的希望交给他们,能靠谱吗?可就在今天,这场看不到敌人和硝烟,但却要直面生死的战场给了我们答案:90 后 00 后用自己行动证明了他们不是垮掉的一代!前方的医护人员当中,百分之五十来自 90 后和 00 后。这场无声的战役打响以来,千千万万医护人员奔赴前线,主动请缨、毫不犹豫、毫无退缩。一句句“我愿意”“我报名”是我们听过的最动听的誓言;请战书上的红手印是我们见过的最耀眼的色彩;视频上掉落的一缕缕发丝是我们看过的最决绝的感动。20 多岁,正是人生最繁忙的阶段,有许多人生大事要完成。去武汉,有人暂别了刚出生的孩子,有人推迟了婚期;还有的甚至在雷神山医院举行“战地婚礼”;甚至有的医护人员收到至亲去世的消息,连悲痛都顾不上,能做的只有含泪面向家乡的方向深深地鞠躬;就连以性命相搏,他们都轻描淡写。在这些人面前,病毒仅仅只是游戏里的“怪兽”。

我想如果未来史书评价 00 后,那必然会这样写道:他们是冲向历史拐点的掌舵人,以千禧之名开启下一场元年。

事实已经证明,中国,从来就没有垮掉的一代,只有一代代永不弯曲的青春脊梁!不同时代有不同“考卷”,但相同的是每个时代都会刮起青春风暴,闪耀青春靓色。站在时代的高度,我们可以清楚地看到任何时代的青年都从未垮掉。在中国发展的每一个重大的历史关头,总是会有这样一批青年人顺应历史潮流,唱响时代旋律,将个人理想和国家命运紧密地结合在一起。而在风浪当中成长起来的他们，必将会成为建设未来强国的中流砥柱。

2. 爱国的传承托起新时代青年不屈的脊梁

讲到这里我们不难发现，在这个世界上，其实从来没有谁天生就是英雄。那到底是什么让这些80后、90后甚至00后，在一边恐慌，一边勇敢中破茧成蝶，淬炼成钢的呢？

首先，我们可以从马克思主义那里找到答案。

唯物史观告诉我们社会存在决定社会意识。不同时代人身上的集体印记是社会历史化的产物。在不同的历史时期国家和民族会根据所面临的主要问题而确立所要实现的理想目标，并以此对个人提出相应的使命要求①。80后90后以及00后成长在社会大变革大发展的关键时期，中华民族伟大复兴的征程上必然留下他们奋斗的足迹。可见，尽管时代的考卷不尽相同，但有一样是不变的：那就是青年人需肩负使命、责任和担当。马克思说："作为确定的人，现实的人，你就有规定，有使命、有任务。"我们知道我们每个人都有自己的人生际遇，每个人面临的使命和应承担的任务，不论你想或者不想，它就在那里。我们也知道一个人要担当的责任有很多，对自己、对家庭、对职业、对社会、对国家等等，不同的社会关系和角色自然会赋予人们不同的责任。那么，你是否想过，在如此多的责任之中哪一种对人的影响最大、意义最重的？

其次，爱国的传承托起青年不屈的脊梁。

习近平总书记曾经说过，爱国，是人世间最深层最持久的情感，是一个人立德之源、立功之本。我们常讲，做人要有气节，要有人格。气节也好，人格也好，爱国是第一位的。由此看来，爱国是我们诸多的责任之中最重要的责任担当。可是大家有没有想过，为什么爱国是第一位的，是最大的责任担当？其实要回答这个问题，可以很复杂，但是我觉得也可以很简单，在今年的这场战役之中，那些看不见的病毒，给我们讲清楚了一个

---

① 单传友. 高校形势与政策课分类教学法探究[J]. 廊坊师范学院学报(社会科学版)，2015(4).

特别浅显但又特别深刻的道理。那就是在灾难面前,没有谁能够置身事外,我们每一个人同呼吸共命运。所以爱国的责任首先就是保家卫国的责任,做自己国家的建设者和捍卫者。我们知道爱国的内涵其实非常丰富,也有许多的要求。但是我觉得有一点非常重要,那就是要维护自己国家和民族的绵延生息,薪火相传。

最后,爱国的实质就是历史传承。

我们翻开历史的长河不难发现,5000 年来世界史上产生过许多种文明,但是除了中华文明源远流长之外,其余的文明都已经淹没在历史的长河中。那么我们必须要追问一句,中华五千年的积淀和传承靠的什么呢?当然因素有很多,但是最根本的是要看我们这个国家和民族的每一代人能不能回应时代的挑战,能不能担当起时代的使命和责任。简单来说,爱国实质上就是对我们国家和民族的历史传承。

那么在这一历史传承之中,谁是接棒人呢?毫无疑问,青年就是我们在历史传承之中每一个时代的接棒人。每一代人的长征路上都有属于自己的责任担当,当我们的父辈老去,青年就必须接过前人肩头的担子和责任。也许上一代人孜孜以求的终点,只不过是下一代的起点。但每一代青年担当责任的样子,成就了这个国家和民族的当下和未来。

3. 在爱国中用奋斗谱写大写的青春

没有什么情感比爱国更为珍贵,也没有什么力量比理性更为强大。我们需要爱国的热情,更需要爱国的理性。无奋斗,不青春。作为当代的大学生,要涵养"我将无我,不负人民"的奋斗精神,做"起而行之"的实干家,而不是"坐而论道"的"空谈客"。在爱国中用奋斗谱写大写的青春,时时刻刻与国家同呼吸,共命运。只有这样你的青春梦想才能在中华民族伟大复兴的中国梦中绽放美丽。

首先,大写的青春应该有大写的家国情怀。

大写的家国情怀,那是一种与国家民族休戚与共的壮怀,一种以天下为己任的使命感。把自己的小我融入祖国的大我、人民的大我,与时代同步伐、与人民共命运。抗疫中逆行的青年用事实和行动证明,当挑战和考验来临时，他们没有掉链子，不是娇滴滴的一代，而是能够与人民齐开拓、同祖国共奋进的一代。在座的我们要心中有大我，要始终坚持将“大家利益”摆在“小家利益”前头，要以“位卑未敢忘忧国”“天下兴亡，匹夫有责”的担当，撸起袖子苦干实干，在爱国之情中激发报国之行，把爱国的热情融入每一滴奋斗的汗水里、每一步前进的足迹中。

其次，大写的青春里应有坚定的信念。

奋斗是青春最亮丽的底色。新时代的青年一定要用热血谱写壮丽的青春之歌，展现永久奋斗的人生风采。而奋斗的定力源于坚定的信念。面对疫情，正是因为广大青年坚定理想信念，保持“咬定青山不放松”的顽强毅力和“泰山崩于前而色不变”的钢铁意志，才有了不畏艰辛，迎“疫”冲锋的实际行动。因此，新时代的你们要不负青春，不负重托，必须坚定理想信念，筑牢精神之基。习近平总书记说过，思想政治理论课课是立德树人的关键课程，新时代的大学生要上好思政课，用马克思主义世界观人生观和价值观武装头脑。坚定“四个自信”，将爱国之情、强国之志、报国之行融入伟大时代的生动实践中。只有坚定“衣带渐宽终不悔，为伊消得人憔悴”的理想信念，才能迎来“蓦然回首，那人却在灯火阑珊处”的理想境界。

最后，大写的青春应该用读书积蓄力量，用拼搏昭示希望。

青年似花木，朝气蓬勃，善于接受新事物、学习新知识，应该把学习作为首要任务，作为一种历史责任、一种精神追求、一种生活方式。疫情当前，我们的青年冲锋在科研攻关、基础建设、能源交通、物资保障、志愿服务等的各条战线上，在摔打磨砺中增长见识，在抗疫中淬炼过硬本领。对于新时代的青年来说，应该有效地利用好国家给予我们的优越的受教育机会，勤奋学习，增长才干，在激扬青春、开拓人生、奉献社会的进程中书写无愧于时代的壮丽篇章！我想，这种爱国才算得上是真真正正的爱国。

中国从来没有垮掉的一代。从 80 后到 90 后 00 后，从汶川地震到新冠疫情，事实证明“垮掉的一代”，只不过是一种刻板印象和代际歧视①。

---

① 孙庆玲，张均斌，李强. 中国没有“垮掉的一代”［N］. 中国青年报，2020-4-7

不妨让我们说声“好走不送”。固然在他们身上有些许的不成熟,我们有担心也有期待,但更多的应该通过行动去引导和帮助他们。让他们将青春热血挥洒在祖国最需要的地方。唯有将国家的向往、民族的未来与个人的期盼结合起来,才能真正发挥出中华民族伟大复兴的先锋力量。

一个国家和民族无论是道德素质的提升还是科技文化的发展,都离不开一代又一代的仁人志士,他们有理想、有信仰、有青春、有热血、有责任、有担当。每一时代的先驱者便成了每个时代的弄潮儿。如果我们把青春比作壮丽的长城,那么长城上的砖块就是用每一时代的青年用青春的信仰铸成了的。

第二节　品味与人生品味

习近平总书记在2017年首次点评“95后”大学生的时候指出:“教师不能只做传授书本知识的教书匠,而要成为塑造学生品格、品行、品味的‘大先生’。教师做的不仅是传播知识、传播思想、传播真理的工作,更是塑造灵魂、塑造生命、塑造人的工作。教师教给学生的知识,多年以后可能会过时,可能会遗忘,但教给学生为人处世的道理将是学生一生的财富,会让他们终生难忘……”

一、品味

品味是“品格、品行、品味”中的一品,品味包含的内容很多,比如一个人的品质,情操,修养等。但回到品味最原始最直接的解释:品是品尝,味是味道,连起来就是品尝味道。比如,“同样一杯茶,有的人端起杯咕噜咕噜一口气喝下去,这个茶是什么味道都说不出,更谈不上品味。而另外一种场景我们可以设想一下:在一间四壁排满了书,窗前有几颗绿意盎然的植物的屋子里,有个人斜靠在用竹藤做的沙发上,捧着一本书,旁边放着一杯茶,让茶叶在水的浸润下缓缓地舒展开,然后端起茶杯,细细品尝,让茶水苦中带甜、甜中带涩的味道缓缓沁入心脾”,然后由品茶而品到生活,品到人生,这就是对品味的理解。

人生品味顾名思义就是对人生意义和价值的体味。当然,品味人生不是用舌尖、靠味觉,而是用心去品。有人说品味的高低是用金钱来衡量的。他们认为只有有钱人才能拥有“高雅的品位、精致的生活、高洁的修养”,要想提升品位就得先赚钱才行。更有甚者将有品位的人生和有钱的生活混为一谈。其实这种认知是不对的。在当今社会,有钱或许能够让你高雅的品位发挥得更加淋漓尽致,但是高雅的品位绝对不是用钱能够买到的。比如说,在一辆公共汽车上遇到一个孕妇站在自己座位旁而需要让座时,有的人会觉得懊恼,觉得倒霉,甚至对这位孕妇产生一种厌烦埋怨的情绪。而另外一种人,会心甘情愿主动让座,并且会从对方的感谢和旁人的赞许中品到一种付出的快乐和奉献的幸福。再比如说,同样做销售工作,有的人感觉到销售就是一种厚着脸皮求人,然后才能让自己赚到钱的工作;而有的人却能从对客户的服务、关怀和交流中品味到这是一份能帮助他人、能给他人雪中送炭或锦上添花、富有挑战性、能实现自我价值、且充满爱心和责任感的事业。

可见,对人生的不同感蒙、态度,对人生价值的判断和追求体现了一个人品位的高低。让我们思考一下在体育界高品位的人有哪些?为什么?

体育界品位高的人有很多,比如我们熟悉的姚明。姚明作为体育界的明星,我们对他都有一定的了解。他曾被评为感动中国人物。2002 年的时候,姚明在世界上顶级的篮球人才聚集地——NBA 美国职业篮球联赛开始了职业生涯,成为 NBA 历史上第一位外籍状元身份进入 NBA 的国际球员。姚明在一片冷嘲热讽中不断努力提升自己的能力和素质,慢慢适应了竞技水平最强的赛场;姚明退役之后,多方位组织慈善工作,把自己收入中的一部分奉献给社会上需要的人;为了不断提升自己的能力,他主动去大学研修课程,全方位充实自己;2017 年,1980 年出生的姚明成为中国篮协历史上最年轻的篮协主席。姚明能有今天的成就,我认为是源于他对人生价值的不断追求。当年姚明在NBA竞争激烈的环境下,不断提高自己的篮球实力,实现自我价值;同时作为一名中国运动员,他更重视自己身上肩负的社会责任。不仅在篮球技术上,更在言行举止上成为榜样的。

可以说,一个人的品位越高就意味着他对个人、对他人、对社会的满足程度越大。

二、人生品味

1. 人生品味的含义:个人性和社会性的统一

从这个意义上来说,人生品味也就是个人对人生价值的追求。人生价值包含了人生的自我价值和社会价值两方面。人生的自我价值是个体的人生活动对于自己的生存与发展所具有的价值,主要表现为个人对自身物质和精神需要的满足程度;人生的社会价值,是他人、社会用衡量人生的社会价值标准对个体的人生活动进行评价时,看个体对社会和他人所做的贡献。

那么人生真正价值是什么?

人生价值,是通过具体的人生目标、人生态度、人生实践等表现出来的,人生是否有价值、有意义,就是说人生目标、态度和实践是否有价值、有意义。具体来说,我们要从以下几个方面来认识人生价值:

第一,人生价值需在社会关系中来确定。人生总是指社会的人生,它受各种各样的社会关系所制约。人生的价值和意义,不是由个人来评估的,而是由社会关系来衡量的。个人在主观上,也许能够做到按照自己的人生意愿去演化自己的人生历程,但是在客观上,个人的这些意愿在多大程度上能够实现,则不是靠个人的意愿,关键是要看受社会关系制约的诸多因素,为这些人生意愿的实现创设了什么样的条件。

第二,人生价值的价值量大小,由人生价值目标的境界及实现程度来决定。既然人生价值的满足程度,是在社会关系中确定的,那么,社会占主导地位的社会理想目标,就是评估个人的人生价值目标价值量大小的基本尺度。是否与社会总理想目标相一致,为实现这一目标作出了多大贡献,决定了社会成员个体的人生价值的大小。

第三,人生价值的确定及价值量的增减,也是个人人生拼搏的结果。一方面,人生价值的实现是要受社会关系的制约,但另一方面,个人对人生价值的实现具有较大的主观能动性。只有个人的奋力拼搏、积极进取,才能获得更有价值的和有意义的人生,才能创造出更大的人生价值。”

——《认识和追求人生价值》

通过上边三个方面的论述我们得出了什么结论?人生的真正价值在于对社会的贡献,也就是社会价值的实现。在我们初步了解了什么是人生价值后,我们就会思考和感悟如何实现自己的人生价值,提升人生品味。

2. 人生品味的实现:人生价值必须与社会需要关联

人生价值和社会价值的辩证关系:人生的自我价值和社会价值,既相互区别,又密切联系,相互依存,共同构成人生价值的矛盾统一体。在人的社会中“每个人是手段同时又是目的,而且只有成为他人的手段——这种相互关联是一个必然的事实”(马克思)。这个必然的事实是我们认识人生自我价值与社会价值辩证关系的基础。一方面人生的自我价值是个体生存和发展的必要条件。另一方面,人生的社会价值是实现人生自我价值的基础[①]。

对于自我价值的追求,老子早在两千年前就提出了“道大,天大,地大,人亦大。域中有四大,而人居其一焉”。老子借由这一论述最终将人放在了一个实实在在的位置上。“在人与社会的关系上,老子特别推崇个体价值,形成了道家肯定个体价值的基调,与孔子为代表的儒家所强调的社会价值形成了鲜明的对比。但是我们应该看到老子并没有把个人与社会绝对对立起来,他认为只要每个人的个体价值顺利、充分地展现出来,其社会价值也就相应、自然地体现出来了。没有脱离社会价值的个体

① 让青春在奋斗与担当中闪光[N]. 光明日报,2020-3-17

价值,但也没有脱离个体价值的社会价值。找到社会价值与个人价值的平衡点,也是现代人生哲学的一个重要内容。”老子的这一超脱观点可以净化人的心灵,让人在现代社会的喧嚣中找到安宁的希望,超越对世俗的执着和对名利的沉迷。可以说,在对于自我价值的追求上,老子为我们开启了一盏明灯。

前面我们提到姚明,他出色的表现和随时听从祖国召唤的爱国精神,带给人们的思考远远超过了体育本身。姚明就是把人生价值的实现同祖国的需要紧紧联系在一起。也就是说,有品位的人生是在追求人生的社会价值中实现的。

三、发扬女排精神　爱国中提升人生品味

对于体育院校的学生来说,人生品味的提升和体育精神紧密关联。体育精神不是赛场上的输赢,而是一种不畏艰难、积极向上的人生态度,是信念和追求,是拼搏与进取,是一种永不放弃、永不气馁、永不低头的超越精神。“团结起来、振兴中华”虽然肇始于中国男排,但五连冠的中国女排成为这八个字的最佳代言人,并浓缩成为“女排精神”。而以拼搏、进取、爱国为核心的女排精神是新时代中国体育精神的集中体现。

1. 女排精神:新时代中国体育精神的集中体现

在2015年世界女排大奖赛香港站的比赛上,中国队在最后一场比赛中对阵美国队,比赛前的热身活动时,场内突然响起了中华人民共和国国歌,仅仅几秒钟的茫然过后,中国女排的姑娘们在没有得到任何提示的情况下,纷纷停止了训练,原地肃立,将目光投向五星红旗……她们说:“对于我们运动员来说,那个瞬间总是心潮澎湃,感觉很神圣,我们理应肃立,注视国旗。”

2016年8月21日,在万众瞩目的里约奥运会女排决赛中,排山倒海的加油声响彻小马拉卡纳体育馆,无数面五星红旗汇成气势恢宏的中国红,郎平率领的中国女排在先丢一局的不利情况下连扳三局,力挽狂澜,最终以3:1的总比分战胜强大的塞尔维亚女排,拿下了里约奥运这枚宝

贵的金牌，时隔12年再次登上奥运最高领奖台。中国女排所诠释的正是中国体育健儿和所有中国人拼搏向上、不服输的精神。有人问：女排精神是什么？郎平说：女排精神不是赢得冠军，而是有时候明知道不会赢也竭尽全力，是你一路即使走得摇摇晃晃，但依然坚持站起来抖抖身上的尘土，眼中充满坚定。她们被质疑过，被困难击打的体无完肤过，然而跌倒后爬起来继续向前，坚毅依然。

“女排精神”是中国女子排球队顽强战斗、勇敢拼搏精神的总概括。它不仅仅是一句“无私奉献、团结协作、自强不息”的口号，也不是运动员胸前金灿灿的奖牌，而是融进每一位女排队员血液中的传承，正是这种传承让我们为之感动。当我们看到女排姑娘在赛场上忘我的拼搏，不管比赛输赢，都由衷地想为她们喝彩，也正是女排的爱国、奉献、拼搏精神让中国女排总能在低谷中触底反弹，为国争光。

当下的中国已无需用金牌去证明自己的强大，但当下的我们更需要去学习和发扬女排精神。它早已不局限于体育界，而是已经投射到整个社会领域。它是无私奉献、胜不骄败不馁、社会责任感以及脚踏实地一步步去实现的精神。人们富裕了、物质生活好了，更需要中国女排精神。需要这种爱国主义精神，对国家、荣誉的一种责任感，需要这种积极向上的生活态度。

被女排精神所鼓舞的人，致敬女排的最好办法，是让自己在所及领域变得专业。事实上我们不缺乏狂热和精神，但缺乏细腻和专业。我们不缺乏理想，缺乏的是实现理想的手段。专业，是我们社会经济迟迟不能升级的最大短板，也是女排精神一直最想告诉我们的信息。

因此，发扬女排精神，追求人生价值，首先我们要追求的就是人生的自我价值。因为只有在实现这个的基础上，我们才可能谋求更高层次的价值。那么具体怎样做才能实现自我价值？

2. 在爱国主义旗帜下提升大学生人生品味

(1) 自我价值的实现

①对道德品质的追求

对于人生自我价值的追求,我认为首先我们要追求的就是人的道德品质方面的价值。我们要有良好的道德品质修养,满足一个做人的基本条件,才有可能将自身的价值体现出来。比方说,武侠世界中要修炼一门绝世武功,必须要有深厚的内力作为其强大的依托。否则,即使是给你一本绝世武功秘籍,你也不可能修炼成盖世神功,只有你的内力深厚了,才可以将一切融会贯通运用自如,发挥出其该有的力量。那么,我们的思想道德水准就是这深厚的“内力”,对于我们行走在社会的江湖中,其所处的地位不言而喻。

首先要说的便是“善”。“人之初,性本善。”善作为一种品质,它已经成为判断一个人的道德品质、生而为人的一条底线。

因为心存善念,所以一切都会变得柔和且美好。善,是本性,善,是基础,善,是我们面世的天平。举手投足的一件小事,却能折射出无限的幸福,而后,因为家庭和学校的熏陶和习惯,进一步把善良的定义提升化,只有去做了好事才叫善良。帮别人拿一下东西,让一次座位,领养一只流浪猫,也许我们不能得到什么回报,但只要能得到别人的一句你很善良便足矣。我们不是为了获得别人的赞赏而去做什么,只是为了求得良心的一份安宁和满足。

第二便是孝与尊重。古人说百善孝为先。这是我们中华民族的传统美德。更是做人的基本原则。山羊跪乳,乌鸦反哺,动物尚且如此,更何况是我们万物之长的人呢?孝顺,是对生而为人的一种肯定,也是对人生价值的肯定。孝不仅表现为对父母的顺,更表现为对国家的爱戴和奉献。尊重,是一种美德,更是一种修养和态度。这里的尊重,是一种对于长者智者谦逊的态度。而今我们需要尊重的有更多,尊重更是一种处世之态。尊重自我,我们学会了反思与自省;尊重地位卑微的人,我们了解了世界完善了自我;尊重不喜欢我们的人,我们懂得了退一步海阔天空,学会了自我修复;尊重我们的对手,我们懂得了冷静地面对这个世界。尊重告诉我们,只有拥有正确的态度,才能拥有最好的人生价值。

最后一个重点说明的是诚信。做人要言而有信。人而无信,不知其可也……诚信在古人眼中是君子的美德。现在看来，诚信是我们行于世的必备品质。没有信用，不会有人和你打交道。企业不会聘用你，别人也不会和你合作，完全被隔离、被孤立。没有诚信，等于缺少了双腿，寸步难行。诚信待人，诚信为本，才能够生存。诚信，是人生价值追求的基础。

我们都知道道德所要求我们的还有很多，宽容、谦逊、朴实、正直、热忱、坚强。君子所为，在不断地修身养性中，我们离所追求的人生价值，越来越近。

②对于生活状态的追求

对于自我价值的追求，除了道德修养，还有处世之态。我们要以何种的态度来面对这样的大千世界？这个复杂的世界纷繁得让人眼花缭乱。物欲横流，灯红酒绿，纸醉金迷……是选择追逐物质的享受、感官的刺激，在糜烂奢侈的生活中混沌度日，醉生梦死让自己的人生变得腐朽，价值意义丧失？还是选择固守本质、保持清醒、洁身自好、高洁傲岸，去完善自我、实现人生的真正价值？

很显然，我们的答案是选择后者。贪图享乐不外乎是一个欲字，是贪念。要做到无欲无为，宠辱不惊，“上善若水，水善利万物而不争，处众人之所恶，故几于道。居善地，心善渊，与善仁，言善信，正善治，事善能，动善时。夫惟不争，故无尤。”(《老子·八章》)如水一般不争，无欲无求，处之淡然。把一切名利物质看得云淡风轻，那么便没有什么是能够干扰我们的了。老子认为道德境界的提升以不断减损人的感性欲求为前提，人的欲望越多、越大，就越不能超然地看待一切，其境界也就越低，只有把心空虚出来，才有可能往里面装进别的东西，只有弱化欲求，才能有刚强的风骨。最起码的一点是要能够辨清是非利害，不被外在的欲望所诱惑。

③提高自身能力

此外，提高自身能力也是我们所追求的人生价值。在社会中，我们首要考虑的问题是如何生存。这就要求我们要不断地完善自我，充实自我。一个人如果一无是处、一事无成，就犹如一件物品虚有其表，却毫无实际意义，终会被社会所淘汰，作为大学生的你们更要意识到这一点。所以不断地充实自我完善自我，才能让我们的人生有意义和价值。努力学好各方面的知识、不一定要做到才高八斗、学富五车，但是一定要知识面宽广，涉猎广泛。丰富自己的思想深度，做到有主见有想法。让自己在技能上变得更加优秀也同样是我们追求的自我人生价值中不可或缺的一部分。

综上所述，人生追求最主要的方面就是要把握以上几点，做到道德品质高尚、思想境界卓越、自身能力优秀。但是除此之外，对于自我价值的追求，我们能做的还有很多。在追求自我人生价值的这条漫长的道路上，我们是如此的任重而道远。

（2）社会价值的实现

当逐步丰富了自我，对于价值的追求也将由追求自我价值上升到追求社会价值，由小我走向大我。一个人的自我价值是不能脱离社会价值而独立存在的。人们的需要能不能在社会中得到满足，能在多大程度上得到满足，取决于他们的人生活动对社会和他人的贡献程度。

同学们生活在一个矛盾多元化，社会多层次化的新时代中，你们的成长和思想注定了要带有这个时代的烙印。对于价值的追求，也将会因为这个时代而有所不同。

曾经做过一个关于大学生价值选择的调查。调查中显示，当代大学生在价值选择过程中更多地表现为愿意尊重和服从国家利益，但并不希望以牺牲自己的利益为代价；愿意为社会、为他人提供帮助和服务，但也看重自己从中有无实惠；在个人目标与社会目标的冲撞中，他们更偏重个人目标，更重实惠而轻理想。在多元化的社会中，大学生对理想的追求更加实际，更加注重实惠。大学生的人生价值信仰也由过去的一元取向走向多元化，甚至一些学生认同“有钱能使鬼推磨”“理想，理想，有利就想；前途，前途，有钱就图”等观点，部分大学生信奉“金钱至上”的拜金主义价值观。有调查表明，在回答“你认为当代大学生的信仰状况”问题时，选择“有坚定的信仰”的只占少部分，选择“没有信仰”的占一定比例。这说明当代大学生价值信仰不仅向多元化发展，甚至有虚无化的倾向。

当代大学生的价值评价标准已由过去的内在精神型转向外在功利

型，大多数学生都希望精神与物质并重，理想与实惠共求。过去的精神领袖“保尔”已被今天的经济领袖“盖茨”所代替。当代大学生的价值评价标准不仅更为现实，而且讲求实用，并明显带有功利色彩。当代大学生人生观价值观产生变化也是主观条件和客观因素两方面共同作用的结果。总的来说，大学生人生观价值观的形成与发展主要受市场经济因素、文化传承因素、学校教育因素和自身成长因素的影响。我想说的是，在如此的环境之下，我们对于社会价值的追求也要有着一个准则，即在保证理想和精神追求的前提下，适当、适度地发展对于现实环境中自我愿望的追求。人，不能只顾物质和实质的追求，人，还是要有点精神的。在市场经济条件下，强调个人利益、自我价值的实现、个人需要的满足可以理解，但作为处于较高文化层次的、有崇高理想的当代大学生不能被动地受这些观念意识的影响和支配，要有正确的人生理想和追求目标。与此同时，也要增强责任感和使命感，认识到青年在社会主义现代化建设中的重要地位和作用，发奋学习，立志成才，把自己培养锻炼成为一个有崇高精神追求和远大生活目标的人，为社会作出更大的贡献。在这种环境下，最突出也是最迫切要解决的是信仰问题。我们不能没有信仰。这里所说的信仰不是对于宗教的膜拜，而是一种精神的支撑，一种思想与观念上奋斗的原动力。因此我们要知道，如今的社会价值追求中，信仰、思想、现实、追求……一个都不能少！

当我们已了然明确了对于价值的追求，那么亟待解决的问题就只剩下如何实现我们的人生价值了。

人生价值的实现——根据社会价值的标准选择人生目的，爱国的实践中努力实现自己的人生价值，提升人生品味。

首先是从个体自身条件出发实现人生价值。每个人的自身条件，比如：思想道德素质，科学文化素质，生理心理素质等都各不相同。针对某一个具体价值目标，可能对于某一个人而言实现起来比较容易的，而对于另一个人来说确实难如登天。比如说你让一个大学普通学生就争取百米奥运冠军，这根本就是不可能的事，量体裁衣，合适的才是最好的。只有选对了合适的位置,才能最恰当实现自己的价值。就如同一颗螺丝,扔在路上也许就是废铁,如果安在神七上可能就是一个关键部位,不可或缺。总之,实现人生价值,必须结合自身条件,因此,在实现人生价值的路上,客观地认知自己,找准自己的定位,是实现人生价值的重要前提和手段。

其次,我们找准了定位之后,接下来要做的就是通过不断提高自身的能力,来增强实现人生价值的本领。空有想法的只能是理想主义者或者幻想家,只有脚踏实地地去做了才能够真正实现我们的人生价值,因此,只有美好的追求,人生价值就如同镜中之花水中之月,没有任何意义,只有去实现了,才能体现出其该有的价值。

虽然,我们不可否认,人在自然天赋上有这样那样的差异,我们在实现人生价值时不可避免地受到自身条件的限制,但这绝对不意味着我们的主观努力毫无用处。甚至可以这样说,在实现人生价值的征途中,个人的主观努力起着决定性的作用。它在相当大的程度上决定了我们的人生价值的实现程度。我们的能力具有积累效应,完全可以通过学习锻炼得到强化。

要实现人生价值,达到我们想要的目标,就必须能吃苦踏实肯干。没有不劳而获的天才。钢琴家郎朗也是在每天八小时的高强度练习下才有了演奏会上的行云流水;郭晶晶在跳板上的完美演绎也是建立在夜以继日的训练之下的。只有不断地提高能力才能更好地实现人生价值,这是毋庸置疑的。可能也许有人会说现在学任何东西都已经太晚了,但如果这么想就是大错特错了。大学时期正是可塑性最强的时候,思维活跃,接受新鲜事物的能力超强。我们要充分把握好这样的黄金时段对自我进行充电:努力巩固扎实专业课的知识,积极参加活动锻炼自己的能力。扩大自己的知识的宽度和深度。尽可能学习更多的知识,结交更多的朋友,认识更多的优秀的人。不断提高自身的综合素质和能力,为创造人生价值这座大厦打下坚实的基础。

最后,实现人生价值,提升人生品味就要立足现实,爱国奉献。在实现中华民族伟大复兴的新时代,大学生不仅要在爱国中找到精神支柱和感情纽带,更重要的是找到实现人生价值的平台。须知爱国是一种责任,维护国家的稳定与和平更是当代大学生义不容辞的责任。只有高举爱国主义旗帜,把自身发展同祖国需要紧密结合,才能真正地在为他人、为祖国奉献中实现人生价值。

因此,作为新时代的大学生应当担起实现中华民族伟大复兴的历史任务使命,努力投身于实践爱国活动中。新时代为我们提供了良好的经济政治文化和社会条件,为我们实现人生价值提供了广阔的舞台,作为当代的大学生,要珍惜难得的历史机遇,把自己的人生价值目标建立到实现中华民族伟大复兴的历史使命中,与爱国主义为核心的中国精神相一致。中国精神是中国特色社会主义的主流价值取向,体现了中国特色社会主义建设所需要的文化认同和价值追求。我们要学会感知和把握社会思想意识中的主流和支流,正确辨别社会中的是非善恶美丑,确立与中国精神相一致的人生价值目标。

坚持自我价值和社会价值的统一,在爱国主义旗帜下实现自己的人生价值,提升自己的人生品味!

第三节 培养高雅的审美价值观

在日常生活中,真善美是分不开的。我们可以从实践性和历史性之中分别理解真善美的统一。从实践性来看,首先真善美不仅是人类实践活动的产物,同时又是人类实践活动所追求的目标,这是真善美的共同属性。其次真善美是在实践基础上的相互引导和渗透。

真善美的表现不同,而只有在实践基础上三者的统一,才能产生完善瑰丽的形象。因此,美离不开真与善,必须建立在真善的基础上,只有真、善得到了实现,美才能产生。美是人化的自然,作为人改造世界的能动创造的表现。只有在认识和掌握规律的基础上,才能达到社会需要的目的,才能在产品的感性形式上体现出人的智慧、才能、力量和意义,从而唤起人的美感。所以，只有符合、体现了真和实现了善，人才能是美的。美总是以真、善为内容的，艺术作品的美也是这样。只有按照美的法则真实地再现生活，才能成为完美的艺术品。相反，艺术如果脱离了生活的真实，追求一些离奇古怪的情节，着力实现一些并不高尚的生活情趣，甚至是非不分，格调低下，起不到扬善抑恶、褒美砭丑的社会作用，则必然是不美的。

真、善、美是互相联系的，但它们又各属于不同的领域，表示各不相同的价值。真，是人们的认识客观事物和客观规律，连接认识领域内衡量是非的尺度。善，是人们在社会实践活动中的，使人们在道德领域内辨别好与坏的尺度。而美，是人们在审美领域内鉴赏对象并在情感上判断爱与憎的尺度。它们分别与人的意识活动中知、意、情三个方面相联系，决不能简单地把它们混为一谈。推理，判断等逻辑思维来表述的，是理论认识的对象，必须具有正确性，却不一定具有审美意义。可见，真的有可能是美的，但并不一定都是美的。它也可能表现为美的对立面——丑。同样，善也不一定就是美，抽象的道德范畴，不是审美对象，无所谓美与不美的问题。只有在它表现为具体的行为时才会成为美的形象。

总之，真、善、美是既有区别又有联系的。区别在于真、善可以具有形象，但却不像那样美那样富于可被直接感知并引起愉悦感的形象性特点。真中有恶，善中有恨，他们并不会属于美，只有那些表现为真且善，善而真的感性形象。才可能成为美。所以，我们是真、善、美的统一论者。真理观、道德观、审美观都是世界观的组成部分，真、善、美的互相关系应该是也必然是辩证统一的关系。

第五章　有质量的生活，有价值的人生

第一节　物质生活与精神生活

一、对生活概念的解读

1. 人是生活的载体

人才是生活的主体，正因生活才有人的产生，也以生活作为归宿。简单来说，生活的过程就是人的生存发展过程，人和生活不是独立而存在的，而是统一的。所以，人对美满生活形成的前提、对美好生活基础的了解，就归于对人或是生活的前提和基础的认证。“劳动创造人本身”，劳动解放了双手，促使手脚分离，使脑和意识产生，使语言形成。“自由的自觉的活动”作为人的本质从根本上把人和动物区别开来，生活才表现为人的需要。在总体上，人的实践活动具体分为两类。一是改造自然，第一位也是最基础的就是生产生活资料的物质生产实践；二是改造人，人自身的生产、生产方式、社会关系以及精神和观念的产生。“活动、语言、时间、文化、理解等都是建立于实践基础之上的人的多样性存在方式。”这是美好生活所涉及的①。

---

① 吕幸星. 理解“美好生活”的三个维度——基于马克思主义生活哲学视角[J]. 长沙理工大学学报(社会科学版)，2020(7)：20

2. 生活由人的个体性与社会性共同构成

人是从群居的猿群进化而来，具有能思考的大脑，这种思维功能的性质是具有创造性的自由思维。凭着这种思维功能，人类创造了工具；创造历史也创造了自己。但是人人都有本能的需要，而且是不断增长的，永无止境的消费需要。人们创造性的活动必须结成群体，具有社会性；而人们的消费行为，必定要落到个人，属于个体性。人们在创造活动中奉献社会，然后从社会中索取报酬。这里的报酬与奉献的矛盾本质，就是人类社会中人们创造性劳动的社会性与人们消费行为的个体性的矛盾。这个本质矛盾是人类之所以为人类的属性，将永远存在。

从政治经济学范畴考察，每一种社会形态（奴隶社会、封建社会、资本主义社会、社会主义社会）都由生产力和生产关系（或合称生产方式）结成这个社会的经济基础。在这个基础之上就会产生与之相适应的政治、法律、军事、宗教、道德等，可称谓为社会的上层建筑（在经济基础和上层建筑之上又产生以思想观念形态反映的“意识形态”）。一个社会的发展决定于生产力的发展。生产关系必须适应生产力的发展，而上层建筑又必须与经济基础相适应。所以，作为人类社会的两大基本矛盾，生产力与生产关系之间的矛盾、经济基础与上层建筑之间的矛盾，在斗争和实践中、经历适应与不适应中、缓和与激化的不断运动中发展着。人类阶级社会的主要矛盾：当人类社会发展中处于不平衡的阶段，存在着社会阶级差别。社会的基本矛盾中所包含的本质矛盾，都是以社会集团之间或阶级与阶级之间不同利益的矛盾来表现的。所以说，阶级社会中的主要矛盾是阶级斗争。管理与被管理的矛盾，将来阶级消亡后，社会生产高度发展，社会物质和文化生活极大丰富，人类彻底从野蛮人进化为文明人。社会的本质矛盾仅仅反映在管理与被管理的矛盾中。人类社会进入一个高度完善的自由、民主、平等、公平及公正的文明社会。相较于原有的以谋求社会少数的统治者的美好生活为根本目的的奴隶制社会、封建社会和资本主义社会，社会主义国家始终从集体主义人民的立场出发，兼顾国家、集体和个人三者之间的利益，旨在引领广大的人民群众谋求幸福美好生活，在理想意义上，实现小康，再实现孔子所谓的“大同”：天下为公，讲信修睦，精神富足……人们工作不再是为了单纯的物质需求，更是为了寻求精神生活的富足，从而实现真正意义上的人类的自由与解放。中国共产党自1921年成立以来，始终不忘初心，牢记使命，为中国人民谋幸福，为中华民族谋复兴。为夺取新时代中国特色社会主义伟大胜利，为实现中华民族伟大复兴的中国梦不懈奋斗。我们从建国之初的拥有四万万同胞的积贫积弱的时代，有成功也有失败，但经过我们的不懈努力，中华民族已经实现从“站起来”到“富起来”的伟大飞跃，并在“强起来”的道路上不断奋进。与此同时，我国社会主义的基本矛盾也发生了本质的变化，从“人们的日益增长的物质需要同落后的社会生产之间的矛盾”转变为“人民日益增长的美好生活需要和不平衡不充分的发展之间的矛盾”，即从“物质需要”逐渐转向“后物质需要”。中国社会主义建设的成功实践证明：只有始终以人民为中心，一切为人民，一切依靠人民，全心全意为人民服务，把人民对美好生活的共同追求作为国家顶层设计的出发点和落脚点，努力实现“两个一百年”伟大目标，为中华民族的伟大复兴不懈奋斗。

二、物质生活、精神生活与社会生活

1. 物质生活

(1) 物质生活的历史内涵

物质生活满足马斯洛需要层析理论的基础层次，即生理需要与安全需要。物质生活是人类最基本需求的生活。物质需要是人类生存的最基本需要。马克思指出：“人们为了能够创造历史，必须能够生活。但是为了生活，首先就需要吃喝住穿以及其他一些东西。因此第一个历史活动就是生产满足这些需要的资料，即生产物质生活本身。”①

(2) 微观与宏观层面

在物质生活的微观层面，我国改革开放四十年，社会生活取得巨大进

---

① 马克思，恩格斯. 马克思恩格斯选集：第1卷[M]. 北京：人民出版社，2012

步，人民已经不能满足于单纯的吃饱、穿暖，而是需要吃得更好、穿得更美，对应马斯洛的需要层次理论，我们已经由基本需求向更高的需求层次发展，我们人民的生活迎来了历史性的跨越，物质生活不能仅满足于富裕，更应该朝向高品质、高档位的方向去发展。

在物质生活的宏观层面，人们不仅仅希望生活的环境安全，更期待着生活在一个山青水绿、空气洁净、安定和谐的环境里面，人民希望朝着习近平主席所说“幼有所育、学有所教、劳有所得、病有所医、老有所养、住有所居、弱有所扶”的方向发展，生活不仅有安全感，还有幸福感和获得感。

2. **精神生活**

人类思想活动状态可以用很多方面来形容，而精神生活就是其中一种。对于人类思想活动状态，存在一些思考和心理活动。比如人生的意义到底是什么？如何处理人现实生活中的各种感情问题？人到底需要参加哪些文化活动和娱乐活动？人性的认知以及人际关系的复杂程度？以上提出的问题其目的都是围绕着人的各种心理需要，每个人都会产生各种各样的心理需要，如何解决这些生理需要是特别难的。

在每个人的不同时期，人的心理需要也是不同的。文化程度低、思想能力较弱的人，已经有意识抑制自己思想的人，还有就是一帆风顺、生活无忧的人。人的幸福感的关键在于解决好人的欲望问题，因此，从某种意义上讲，以上所说的这些人，他们的快乐感，幸福感都是比较容易得到的。然而，人类都存在着一些对美好愿望的强烈向往，因此，这些强烈向往也成了他们在现实生活中前进的动力。随着人类的逐步发展，文化程度、思想能力、必要劳动力的减少等很多问题的出现，自然就增长了人们的思想方面的需求。这是一个非常大的，并且难以彻底解决的矛盾，随着社会的发展，这些都是不可改变的趋势。一个好的精神生活，对一个人很重要。精神生活的主线还在于解决人生意义的问题。虽然我们知道人生意义的问题几乎是一生都难以解答，不管你如何努力，你的人生意义的追寻结果都是不可靠的，总是处于一种不稳定的状态之中。而其中存在不稳定状态的根本原因就在于,一个渺小的个人的人生,本来就是虚无缥缈的,它本身不存在任何意义,那它的意义就只在于我们赋予它的意义,无论是积极方面还是消极方面。所以人类的精神生活总是随着人的状态改变而改变。在积极向上的精神生活中,我们可以找出一些人生意义,并且督促着我们,从而使我们稳定下来,然后把它作为我们的精神支柱,这就已经相当理想了。然而,学识高、思想深刻的人并不一定能得到它,恰好相反,一些人会不自知地陷入思想的欲望里,严重则导致精神世界的崩溃。应该说,学识可以扩充我们的眼界,但如果缺少一种较为牢固的信念作为筛选信息的辅助工具,就有可能被各种文化遗留渣滓废物造成思想混乱、心绪茫然、极度颓废。有了相对坚定的、既让人有适当的欲望,又让人心平气和并且积极向上的人生态度,就保障了我们的精神生活。适当的学习是得到高质量的精神生活必要条件,这就要通过一系列文化活动,在社会实践和书本学习中学习必要的文字、语言能力、了解人类史、汲取古人的智慧,了解人的各种心理活动,认识人的各种优秀品质并理清自己的思想。适当的学习,是我们应该根据自己的实际情况去选择学习的形式。并不是一些所谓高雅的文化活动才是最好的选择,一些看来没有什么意义,无聊的休闲活动就是浪费时间和光阴。如同人的睡眠一样,人的思想也需要休息,需要很多轻松无比的简单快乐,这是从好的精神生活中得到心理健康所不可缺少的部分。人的精神生活越来越重要了,如何得到一个好的精神生活?这也是时时摆在每个人面前,与我们关系密切的问题,希望我的粗浅看法能助大家打开思路,创造一个能让自己感到舒心的精神生活,从而获得更多的幸福快乐!

3. 物质与精神生活的关系

1859年在《〈经济学批判〉序言》中,精神生活这一概念才第一次正式出现在马克思著作中,他指出:“物质生活的生产方式制约着整个人类左右的社会、政治、精神生活过程。”马克思运用精神生活这一词,指出了与物质生活的关系。

精神生活以物质生活为基础,且在总体上被物质生活所限制,它并不能彻底分离于物质的生活。一个人的社会精神生活的基本性质以及水平状况在总体上总是被其物质生活所限制,也总是建立于相对的物质生活条件和客观的社会关系结构基础之上。① 精神生活的不断变化发展必须处在社会环境之中,没有割裂于社会生活而存在的精神生活。特定的历史条件呈现出特定的精神生活状态,人类的思想理念、精神风貌、文化氛围无一不将社会背景的历史条件作为其存在的必要前提。在社会历史条件下,精神生活不断生长发育,同时又受它制约,呈现出这一特定历史条件下的精神生活风貌。

精神生活在历史长河中的不断发展,体现了它的历史传承性,每一个民族的精神生活在不断发展的过程中会逐步形成这一民族的内在性格品质和特有的文化传统。这些传统在时代更替中保持其延续性,并与当前的社会历史环境融合,形成这一时代独有的社会风貌,通过筛选、过滤留存下来的传统,对现在和未来产生深远的影响,甚至会成为民族品格。精神发展由片面到全面、由单纯到丰富、由抽象到具体,在不断发展的过程中,精神生活不断充实自己走向文明。

4. 社会生活与物质生活、精神生活的关系

马克思说过:“凡是有某种关系存在的地方,这种关系都是为我而存在的;动物不对什么东西发生‘关系’,而且根本没有‘关系’。”②“人与社会互动形成两种生活关系类型:一种是同个人生活发生直接互动的情境性关系。情境性关系更多的是感性的,并体现为人自身的生存性。另一种是间接关系,即个人所处的社会关系、社会结构和社会制度环境等,如我国现实的阶层结构、分配制度以及各层次的经济、政治、文化、社会的具体法规、制度等,通过这些中介发生互动关系。”③因而就形成了人的社会生活的两种状态,一种是个体的,体现为人的多样化、个性化。另一种是

① 袁雨宸,庞立生. 自由的精神何以可能[J]. 福建师范大学学报,2019

② 马克思恩格斯选集:第1卷[M]. 北京:人民出版社,2012

③ 王雅林. 回家的路:重回生活的社会[M]. 北京:社会科学文献出版社,2017. p150-151

公共的、共同的生活状态，比如遵守相同的社会规范、遵守法律、讲求道德规范、追求公平正义等。随着社会生活的不断发展，伴随经济全球化与社会信息化，这些都使得人们的发展有了更多可能，结合个人的成长环境、知识储备、人生经历，每个人都有自己对社会生活的不同理解。有人喜欢简朴、随性的生活，有人喜欢认真、有规律的生活，有人希望自己的物质生活能够得到极大的满足，还有的人对精神境界的提升有更高的要求。总之，随着社会的不断进步，个人都愈发关注个体发展，希望能够实现全面整体、个性化的自由发展。这样的发展使得人们对社会生活产生了更多的期望，希望可以在公平法治、民主正义的环境下得到个人生活质量的提升。社会生活在物质生活与精神生活的作用下向前发展，同时又受到物质生活与精神生活的双重制约。

5. 提升精神生活质量的途径

（1）提升文化资源质量

“我国改革开放以来，在文艺上的创作迎来了新的发展，创作出了大量交口称誉的优秀作品。同时，不能否认的是，在文艺创作方面，也存在着一些列有数量缺质量、有‘高原’缺‘高峰’的不良现象；存在着无脑抄袭、千篇一律的问题；存在着机械化生产、快餐式消费的问题。”[①]这些问题严重影响了人民精神生活的发展，我们要通过优化结构、增加文化生活的质量效益等方式加快人民精神生活质量的提升。

创新驱动，立足历史文化、现代科技、优秀人才等资源优势，结合文化产业的功能属性，以科技创新和内容价值为导向，大力推动创意设计、出版发行、广播影视、演艺娱乐、媒体融合、动漫游戏、艺术品交易、文博非遗以及文化产业智库等重点行业领域的高速发展。针对产业的复合型特征，着重发展产业链中涉及的内容研发、新技术应用以及文化资源数字化转化等高端环节。

推动融合发展，以“文化+”提升相关产业的附加值，构建“高精尖”经

① 饶琼娟. 如何解决海南文化产品的供给与需求不平衡的问题[EB/OL]. http://lwj.haikou.gov.cn/ywdt/ywview/13417.html,2019-6-18/2020-02-15

济结构。扩大与旅游商务的多方面融合,研发特色品类,鼓励企业利用互联网来拓展营销渠道,支持各商业场所引进特色的文化资源。

从加强统筹管理、提升主导产业、落实专业服务入手,深入推进文化产业功能区的建设。推动相关文化产业和其配套设施向重点区域、特色区域的布局,从而形成优势集中,进而实现错位发展。面向文化艺术、影视传媒、数字出版、设计服务等相关领域,建立数字化的舞美设计、网络视频云计算技术应用、跨平台游戏引擎等开放共享的专业化服务平台。

在我国社会主义核心价值观的引导下,淘汰那些不利于百姓身心健康发展的劣质文化作品,提供更多的价值创造活动,只有文化资源质量提升了,人民的精神生活才能获得更多发展。

(2)促进文化产品供给的协调平衡

进入新世纪、开启新章程以来,我国社会的主要矛盾出现了新的改变,中国人民对于自身物质生活的要求更加的丰富多样,对本身精神生活的追求也逐渐提高,然而,部分产品和服务供给的质量不够高、数量不够大、结构不够平衡的矛盾也逐渐突出。以我国文化产业发展为标准,文化管理职能相关部门要主动积极地思考如何解决文化产品的供给与需求之间的不平衡问题,如何坚持以习近平新时代中国特色社会主义思想来指导文化供给侧结构性的改革,从而提高文化产品供给质量、优化供给结构、繁荣文化消费市场。

这些年来,中国已经成为全球发展规模最大、增长速度最快的文化消费市场之一。文化消费直接带动了文化市场的繁荣发展,居民不断增强的消费理念引发了生产领域的不断创新创意,进而新的供给又引导了新的消费需求。但是,在文化消费市场规模的快速扩张下,文化产品供给质量不高、结构失衡等问题仍比较突出,已经到了转型升级的关键时期。精神文化产品在不同地域、不同群体、不同区域之间存在着壁垒,特殊群体的精神文化产品供给量不足,无法充分地满足人民对精神文化产品日益增长的需求。习近平总书记强调:“优秀作品并不拘于一格、不形于一态、不定于一尊,既要有阳春白雪、也要有下里巴人,既要顶天立地,也要铺天盖地。”关于如何提供具有思想性、多样性、层次性的精神文化作品，进一步促进文化消费、优化产品结构、开拓消费领域，首先应该处理好以下的三个关系。

一是以扩大公众对文化服务的需求为目的，改变原有文化事业和文化产业之间的关系，进而拉动公众对文化产品的消费。文化事业和文化产业两者有着密切的关系，它们相互关联、相互依存。文化产业以文化事业为发展基础，文化事业培育了消费群体、提升了市场需求，而文化产业的发展又可以带动文化事业的创新发展。与此同时，文化事业和文化产业两者之间也有着本质的区别。文化事业依靠政府出资，走的是看得见的手，主要追求的艺术普及度和公共文化服务；而区别于文化事业的融资来源和目的，文化产业则是通过民间融资，倚靠市场规律进行供求关系的波动与平衡的路径，追求艺术高度，实现文化消费。而作为兼具事业和产业两个属性的文化载体，则是两者融合的一种实现形式。我们以书籍销售为例，简单的书籍销售只拥有文化产业的属性，但通过在市场中商品的买卖和流通，经过不同途径的传播使得书籍中所蕴含的内在品质和人文价值逐渐体现了出来，单纯的文化产业属性逐渐转变为良好的社会效益，公共文化服务属性就慢慢体现出来了。那么我们的文化管理部门需要做的就是，把推动文化事业和文化产业都纳入公共文化服务体系建设，共同规划，不断优化，建立一种文化事业和文化产业的协同发展机制，进而促进公共文化服务体系的完善。

以 2019 年故宫博物院举办的“紫禁城过大年”展览为例，元旦过后，1 月 6 日至 1 月 20 日，短短 15 天的展览时间，故宫博物院各大展馆接待观众达 47 万余人次，较往年同比增长 70. 87%。据有关数据统计，2018 年全国各大博物馆举办各类展览超 2 万场次，走进博物馆似乎已经成为人们的文化生活的常态，人们的文化需求与日俱增，相关文化支出也逐渐增长。推动文化资源的旅游化发展和市场化发展，拓展我国文化消费市场，努力让文化走入寻常百姓家，逐渐成为社会主义文化建设的重要组成部分。

二是处理好传统文化产业和现代新兴文化产业之间的关系，优化产业结构，满足新兴消费需求。依托于现代信息技术，借助网络效应势头的数字文化创意产业犹如猛虎添翼，发展迅速，它们利用影视、动漫、舞台的创意为创作核心，进行创作、生产，再生产，通过虚拟现实的结合与联动，不仅了增强文化作品的视听体验，还方便、简化了大量信息的交互，自然而然地，也提高消费者对所购买的文化服务的满意度以及对文化的美誉度。其次借助现代的科技手段的方式，在赋予优秀传统文化新兴活力的同时，还展现出了传统文化的原有魅力，也使得传统文化一改遥不可及的传统面貌，实现从“传统”，走向新潮，使之变得更加具体化、产品化、产业化。另外利用现代多媒体交互的技术和光影特效，“复活”文化历史，使传统文化和现代新兴文化，逐渐发展成为符合现代人们市场需求的生产生活以及精神消费的一种。

三是为了形成“1+1>2”的产业融合发展大格局，必须处理好旅游产业和文化产业之间的关系。旅游体验与当地的本土文化的联系绝对是息息相关的。追求文化、向往美好、寻求内心的宁静和思想的解放几乎是每个旅游者的目标。从文化的维度来看，作为感受文化的渠道和途径，旅游所具有的市场和商业化的深刻价值，不仅可以放大文化的传播效应，也可以提高文化的传播效率。习近平总书记指出，要促进商贸业、旅游业、文化业的联动发展，充分发挥出历史文化底蕴和旅游资源的优势。因此，文化管理职能相关部门需要做到的就是，以市场为方向，以资源为基础，促进文化旅游的融合。①

(3)升华理想信念的需要，提高精神生活的水平

伴随着社会的发展与进步，以及物质保障水平的提高，人们的生活观念也相应发生了变化。在不愁吃不愁穿的今天，休闲娱乐已经成为日常生活中不可或缺的重要组成部分。针对发展中出现的这种新现象，需要我们确定建设更高水平小康的目标任务。全新的历史使命要求我们，不

---

① 饶琼娟.如何解决海南文化产品的供给与需求不平衡的问题[EB/OL].http://lwj.haikou.gov.cn/ywdt/ywview/13417.html,2019-6-18/2020-02-15

仅要重视群众物质生活的改善，同时更要注重提升群众精神文化生活质量。因此，我们应当进一步发展壮大文化市场，积极招引高档次的服务型娱乐项目；要借助媒体的力量，强化健康、文明的文化消费观的宣传；要引导人们合理搭配精神文化消费比重，提高闲暇消费质量；同时要加快城市文化设施建设，抓紧推进公园、文化广场等重点工程，打造一流的休闲娱乐环境。

6. 提升社会生活质量的途径

(1)提升社会生活质量需要依托理论教育

针对如何提升社会生活质量，不同的人有不同的路径和方法。在提升社会生活质量的道路实践中，有的只主张市场导向，迁就需求，不讲政治导向和美的导向；有的在为寻求表面现象，快速提升而进行粗制滥造，引起群众抵触。这种种现象都表明想要提升人民群众的社会生活质量，必须要在理论教育的规划引导下进行。新时代人们对物质文化生活的需要转化为对美好生活的需要，体现了人民群众对于生活质量和精神层次要求的显著提升。毫无疑问，社会生活质量的提升及其需要的满足既是社会个体自主建构的过程，同时也需要社会多方力量的协同参与。伟大的中国共产党人以坚持马克思主义理论为指导思想，借助理论教育的方式，以明确满足和追求美好精神生活为公共大众的现实意义与价值导向，寻求一条能够提升美好生活指标的具体实践道路。作为思想政治教育满足美好精神生活需要的基本理论路径，我们需要关注以社会生产生活实践来探讨人们的精神生活需要。所以，理论教育不论在精神生活还是社会生活的提升中都占据重要作用，精神生活作为社会生活的重要组成部分，在自身提升的同时也帮助社会生活质量不断向前发展。

(2)通过文化熏陶的途径提升社会生活质量

文化熏陶应体现在多角度、多维度，要浸润人心就要从多方面下手，从城区建设到乡村文化，从环境保障到公共服务能力，从丰富群众文化生活到中华优秀传统的传承。

而思想政治教育通过文化熏陶的方式引领人们向更好的、更高级别的社会生活方向发展，用先进的文化引领群众，用积极健康、向上向善的文化环境来改造低俗文化，用社会主义核心价值观和人类优秀文明成果滋养人心、滋养社会。新时代人们的社会生活离不开各种文化活动，而当今随着网络信息的发展，无门槛、快餐式的网络文化侵蚀着网络参与者。网络文化是文化熏陶的重要组成部分，但同时如何有效管理和规范各种负面网络文化，是新时代思想政治教育在网络中发挥作用的重要突破点。

文化涵养并非文学素养，并不是要人读多少书，当然，知书达礼会更好。如果没有读过太多书，一个地方的乡村文化熏陶、一个家庭的家传家教等都至关重要。比如，家里的长辈德高望重，虽大字不识一个，但生活的知识阅历和生存睿识能让周围人、让子孙敬重和仰视，那么，与之长期交往，耳濡目染，你所接受的和被感染的既是一种文化熏陶，人“三观”的文化涵养也由此而成，它会教会我们生活的追求和敬畏、日常的品性和养成、为人处世的和谐和传承。生活质量高的人，生活习惯好，生活的品位高，卫生和保健意识也强，患病的概率就少，人无病无灾，生活的忧虑和痛苦也就不会太多。生活质量高的人，个人心性好、素养高，生活的环境没有吵闹，没有人为制造的垃圾，人就会身心愉悦，快乐幸福。生活质量的高低并不完全取决于物质，如果有良好的生活习惯，有精打细算的头脑，也会将生活过得让人生羡；物质丰富的人，如果没有良好的生活习惯，没有健康的生活意识，也照样会将生活过得一团糟。

（3）健全法治制度，宣扬道德观念，切实提升社会生活的质量

社会生活除了要有高质量的物质生活，还要有更丰富的精神生活，但是这两项内容都是在安定稳定的社会环境中完成的，在马斯洛的需要层次理论中，安全是最低层次的要求，没有人愿意生活在自身安全和人格尊严都无法保障的环境中。高质量的生活不仅要富起来，还要追求公平正义，需要有展现人生价值和精彩的机会。社会主义民主政治是体现人民意志、保障人民权益、激发人民创造活力的重要保障，能有效凝聚起各党派、各团体、各民族、各阶层、各界人士的智慧和力量，提升法治建设和社会治理水平，营造稳定和谐、长治久安的社会环境。

(4)德法并举,为提高社会生活质量奠定良好基础

文明有礼的社会秩序,既需要"德",也离不开"法",德法并举才能更好地推动人民社会生活质量的提升。《论语·子路》中说:"其身正,不令而行;其身不正,虽令不从。"文明行为的养成需要从一点一滴做起,把文明行为融入日常生活。一个人如果讲文明,就一定能影响和带动周边的人,在遇到不文明行为的时候进行善意的提醒和劝导,为他人赢得尊重的同时,也一定会赢得他人对自己的尊重。宣传教育引导只是文明素质提升的一种手段,也是过去我们常用的手段。事实证明,文明的养成还需要另一只手,那就是以文明行为促进条例为代表的法律之手。德法并举是现代化治理体系和治理能力的一种创新举措,在倡导文明行为和惩治不文明行为方面,德法并举必将化为提升人民社会生活质量的生动实践。把精神文明建设纳入法治化轨道,是依法治国的题中之义。如果把精神文明建设比作一棵正在成长的小树苗,那法治文化就是它茁壮成长的水土和空气。像一米排队、公筷公勺、打喷嚏掩口鼻等,虽是生活"小善"却也关乎整体形象;像随地吐痰、乱扔垃圾、大声喧哗等,即便是"小恶"也丝毫不能视而不见。小细节,大文明,文明的成长和进步,都需要从细微之处入手,需要道德引领和法治保障,坚持德法并举推动文明习惯"软着陆"。

(5)健全法治,提升社会治理水平

加强社会领域的立法工作,做到科学立法。根据转型期出现的新型社会形态、社会结构和社会建设任务,围绕解决人民群众最关心、最直接、最现实的利益问题,以社会保障、劳动就业、社会事业、社会组织、社会管理为基本内容,确立社会领域立法的范围,着力加强社会领域立法。

规范社会领域的执法工作,确保严格执法。全面实行清单管理制度,制定并公布权力和责任清单,推进政府机构、职能、权限、程序和责任法定化,推进政府依法行政。各级各类执法人员要牢固树立法律面前人人平等、权由法定、权依法使等法治观念,规范和约束自由裁量权。

推进社会领域的司法工作,切实公正司法。坚持司法为民、公正司

法,努力让人民群众在每一个司法案件中都能感受到公平正义。严惩危害国家安全和人民群众生命财产安全的犯罪行为,坚决维护社会稳定。完善多元化纠纷解决、诉调对接机制,最大限度把矛盾纠纷化解在萌芽状态。

开展社会领域的普法工作,推动全民守法。利用各类传统媒体和新媒体深入开展法治宣传教育,推动形成“办事依法、遇事找法、解决问题用法、化解矛盾靠法”的良好氛围,使遵法学法守法用法成为广大人民群众的共同追求,确保社会在深刻变革中既生机勃勃又井然有序。[①]

第二节 “有用性”:价值与人生价值

一、人生价值

广义上来讲,人生价值指的是人在生存和发展过程中对于满足社会、他人以及自身三个层面所具有的意义。我们平时经常讲的人生观、价值观主要就体现在人生价值方面。从内容上来说,人生价值包括两个方面:社会价值和自我价值。自然万物都有存在的意义和价值,然而,价值的意义体现在客体如何满足主体的需要,同样人生价值也是如此。在人类漫长的社会实践过程中,价值关系中的主、客体位置不是亘古不变的,有时候人既是主体,又是客体,有时候人又是主客体的有机统一。当一个人把自己当价值主体时,他会把他人和社会作为自己的价值客体,因为他作为主体时有自身的需要,这种需要是通过他人和社会的活动及成果来满足自己,以此来获取他人和社会对个人的尊重和满足。同时,这种正面尊重和满足的反馈,又会促使个体的生存和发展。从个人主体角度来说,这就是自我价值的实现。换句话来说,个人通过自己的活动从他人或社会中

---

① 南方日报. 多措并举提升社会治理水平. https://www.sohu.com/a/239755135_161794[EB/OL],2018-07-07/2020-02-15

获得必要的资本来满足自身生存和发展的需要，这就是所谓的人生自我价值。反之，当个人作为他人和社会的价值客体时，依靠自身的活动和成果来满足他人或社会的需要，从而实现自身的社会价值，也就是为他人或社会做出贡献。

综上所述，在价值关系中，人可以是主体，也可以是客体，还可以是主客体的统一体。无论主体和客体，人生价值的实现是人生自我价值和社会价值的统一。在人生的道路上，要树立正确的、科学的人生观和价值观，既为个人创造价值，也要为他人和社会创造价值。

马克思曾说："在选择职业时，我们应该遵循的主要指针是人类的幸福和我们自身的完美。不应认为这两种利益是敌对的，互相冲突的。"马克思将人的社会价值与自我价值统一在一起并否定了二者之间的敌对关系。一方面，自我价值以社会价值为基础，要实现真正的自我价值必须以社会价值为基础。因为人要想真正实现自我价值，就必然要有益于他人和社会；反之，如果在实现自我价值过程中，危害了他人和社会利益，则会被他人和社会否定，不但失去了自我价值，而且也会最终丧失社会价值。社会价值是个人价值的基础，一般而言，一个具有很高社会价值的人，必然具有很高的自我价值。[①]

下面为大家讲三个模范人物的故事。

【邓稼先】

拥有美国的核物理学博士学位，回国之后很快便成为中国原子弹研发的关键人物。在接到参加原子弹研发的命令之后，因为项目本身要求高度保密的特点，他将无法和家人通信，家人也无法知道他将去何方，几乎等同于"失踪"。但即便如此，他仍然告别了妻子，进入这个需要常年与世隔绝的科研团队。1979 年，在一次核试验中，绑在原子弹上的降落伞发生了故障。邓稼先要求别人站到安全距离以外，自己走上前去检视这枚被摔坏的原子弹，因此受到了强烈的核辐射，导致肝脏和骨髓受损。

---

① 张婧，张亚军. 高校思想政治理论课教学中的价值观教育问题探讨[J]. 陕西教育(高教)，2020-07-15

在此后的几次核试验中，辐射逐渐损害了邓稼先的身体，令他在 1985 年夏天患上严重的直肠癌。1986 年 7 月 17 日，邓稼先在 301 医院的病床上获得了人生中的最后一枚奖章，由时任副总理李鹏亲自颁发的全国劳模奖章。12 天后，邓稼先因癌症导致的大出血不幸离世，年仅 62 岁。

【钱学森】

20 世纪 40 年代，钱学森就已经成为力学界、核物理学界的权威和现代航空与火箭技术的先驱。在美国，钱学森可以过上富裕的中产阶级的生活，然而，钱学森却一直牵挂着大洋彼岸的祖国。得知中华人民共和国成立的消息，钱学森兴奋不已，觉得现在正是回到祖国的时候。美国当局知道钱学森要回国的消息后，自然不想放走，因为钱学森知道了太多最新最前沿的技术。在克服百般阻挠之后，钱学森终于回到了百废待兴的新中国。回到祖国，他迅速投入到工作中，从成功地指导设计了我国第一枚液体探空导弹的发射，到我国第一个人造地球卫星的研制成功；从组织领导了运载火箭和洲际导弹研制工作，到我国第一艘动力核潜艇的设计制造，以及我国第一颗返回式卫星的成功发射，他始终站在科技事业的最前沿，突破无数科研难题，为我国的航天事业做出了许多里程碑式的贡献。

【袁隆平】

1930 年 9 月 7 日生于北京，自幼兴趣广泛，喜爱音乐、体育。他在重庆度过了中学时代，中学毕业后考入了西南农学院农学系，1953 年被分配到湖南安江农校教书。60 年代初期，中国正处于严重困难时期，老百姓忍饥挨饿、苦不堪言，这深深刺痛了袁隆平，他下定决心从事人工杂交水稻的研究，以便生产出更多的粮食解决亿万人民的温饱问题。袁隆平确定自己的目标后，便开始了漫长的探索过程。夏季骄阳似火，正是南方水稻的扬花季节，袁隆平头顶烈日脚踏烂泥，手拿放大镜，像猎手搜寻猎物一样，在安江农校农场的稻田里寻找水稻雄性不育植株。第一天、第二天、第三天都无所收获，两手空空。直到第 14 天，袁隆平才发现了第一株雄蕊退化的水稻不育株。在九个月时间里，他先后检查了 14000 余个稻穗，找到了六株雄性不育株，并对他们的杂交第一代和第二代进行了研究，向世界吹响了“绿色革命”的号角。在党和国家的高度重视下，1975年由袁隆平任技术总顾问的试验田第一次获得成功，为1976年在全国大面积试种推广杂交水稻，培育了大量的种植种子，杂交水稻的研究成功引起了国际上的瞩目，有关杂交水稻的研究，在国际上开始兴起。1979年4月，在菲律宾首都马尼拉举行的国际水稻科研会上，一个黑瘦的中国人，面对着二十多个国家的水稻育种专家，用英语侃侃而谈，大讲水稻的种植经验，这位黑瘦的中国人就是袁隆平，与会者大多是国际著名专家，对这位中国来的农业学家开始时有些怀疑，并不予以重视，但听了袁隆平的论文和即席答辩后，他们被深深地折服了。当幻灯银幕上反复打出“杂交水稻之父袁隆平”的字样和他的头像时，全场立即响起了雷鸣般的掌声，大家一齐起立，向来自中国的专家致敬。从此，杂交水稻之父袁隆平的名字响彻全世界。

以上三位模范人物都是在自己的领域创造出了伟大成就。无论是邓稼先的舍身报国、钱学森的留学报国还是袁隆平农业报国，无不体现出一名中国人的家国情怀，都实现了自己的人生价值目标。

二、大学生树立正确人生价值观的途径

1. 在个人与社会的统一中实现人生价值

习近平总书记强调：“要大力弘扬伟大爱国主义精神，大力弘扬以改革创新为核心的时代精神，为实现中华民族伟大复兴的中国梦提供共同精神支柱和强大精神动力。”[①]“广大青年既是追梦者，也是圆梦人。”当前，广大青年正处于社会价值理念、知识体系结构、人生价值目标等夯实基础的关键时期，在这一关键时期能否做好青年爱国主义精神培养，引导广大青年在为人民群众服务、为国家奋斗中实现自身的人生价值是至关重要的。

---

① 习近平. 在十八届中央政治局第二十九次集体学习时的讲话[EB/OL]. 中国共产党新闻网 http://cpc.people.com.cn/n1/2015/1230/c64094-27996756.html，2015-12-30/2020-02-15

数千年来，无数爱国人士为国家、为人民抛头颅、洒热血，将自己的人生价值实现融入社会环境的洪流中。

【苏武】

公元前100年，汉武帝刘彻正计划出兵攻打匈奴，匈奴就派使者来求和了，还把羁押的汉朝使者都放了回来。刘彻为了回复匈奴的善意，派中郎将苏武带着旌节，与副手张胜、常惠二人一起出使匈奴。苏武到了匈奴，送回扣留的使者，送上礼物。苏武正等着单于写回信让他回去，没想到就在这个时候，出了一件倒霉的事儿。匈奴中有人造反，苏武的手下被牵连其中，苏武明白自己有辱使命，决定以死谢罪，结果未遂，单于就把他关押起来不给饭吃，苏武靠着吃雪和毡毛活了下来，匈奴人认为很神奇，就把他流放北海边牧羊。所有羊都是公羊，要求他让公羊生下小羊才让他回来。后来，苏武到了北海，旁边什么人都没有，唯一和他做伴的是那根代表朝廷的旌节。匈奴不给口粮，他就挖野鼠洞里的草根充饥。日子一久，旌节上的穗子全掉了。到了公元前85年，匈奴的单于死了，匈奴发生内乱，分裂成了三个国家。新单于没有力量再跟汉朝打仗，又打发使者来求和。那时候，汉武帝已死去，他的儿子汉昭帝刘弗陵即位。汉昭帝派使者到匈奴去，要单于放回苏武，撒谎说苏武已经死了，使者信以为真，就没有再提。之后汉朝又有使者来到匈奴，苏武的手下悄悄与苏武取得了联系，并回禀朝廷苏武还活着，这才让苏武回到大汉。这期间整整度过了十九年。苏武出使的时候，才四十岁，在匈奴遭受了十九年的折磨，胡须、头发全白了。回到长安的那天，长安的人民都出来迎接他。他们瞧见白胡须、白头发的苏武手里拿着光杆子的旌节，无一不受感动，说他真是个有气节的大丈夫。

【张思德】

张思德是抗日战争时期模范共产党员。1933年参加中国工农红军，同年加入中国共产主义青年团。参加过长征。1937年加入中国共产党。1944年，张思德带领几个同志在陕北安塞县山中烧炭，9月5日，因炭窑崩塌，不幸牺牲。他对党忠心耿耿，对革命工作勤勤恳恳，不论是当警卫战士、班长，还是当炊事员、饲养员，从不计较个人得失，样样工作都干得非常出色。他革命意志坚强，不怕困难，负过3次伤，不管环境怎样艰苦，斗争怎样残酷，始终坚定、乐观，情绪饱满。他作战勇敢机智，在一次战斗中，曾一人夺取了敌人的两挺机枪。他艰苦朴素，勤奋学习，热爱人民，团结同志，以身作则，处处显示了一个共产党员的模范作用。1944年9月8日，党中央直属机关和警卫团一千多人，在延安枣园操场为张思德举行了追悼大会。毛泽东同志亲笔题写了挽词："向为人民利益而牺牲的张思德同志致敬"，并在会上做了《为人民服务》的讲演，指出他是为人民利益而死的，他的死是重于泰山的。并号召全党全军和全国人民学习并发扬张思德同志全心全意为人民服务的精神。

新时代也涌现出很多优秀的青年榜样，特别是在国家和人民危难之时，这种精神更显珍贵，也更加能够体现出新时代青年的精神风貌。例如，疫情期间勇担重任的90后医护人员、疫情防控志愿者等，在爱国主义精神的指引下，他们用自己朝气蓬勃、积极阳光的生命力承担起实现中国梦、建设社会主义现代化强国的重任，爱国主义精神的巨大推动力对青年一代的人生价值观形成和确立，以及国家长久安稳的发展有着重要的导向作用。因此，只有把个人与社会统一起来，把个人的发展与国家和人民的需要融合起来，才能够体现出人生价值。

2. 在劳动实践和奉献中创造价值

马克思说过，劳动是人类的本质活动。人是社会的动物，人的生存和发展离不开劳动。人与自然是密不可分的，人通过劳动改变自然，同时也通过劳动创造属于自己的物质生活条件。从一般性质来说，劳动是使用价值的创造者，是通过人与自然之间的物质、能量、信息的变换而实现的。劳动是社会财富的源泉，社会财富是指劳动者在生产过程中创造的、具有对人有使用价值的劳动产品。所以，如果一个人在劳动过程中创造的财富越多，就意味着他对满足社会及他人的需要所做出的贡献越大，他自身的价值就越大。积极投身于为人民服务的劳动实践，是实现其人生价值的必由之路，也是拥有幸福人生的根本途径。

【诺贝尔】

瑞典化学家阿尔弗雷德·贝恩哈德·诺贝尔(Alfred·Bernhard·Nobel)是“黄色炸药”发明者。他一生拥有355项专利发明,100多家公司和工厂,积累了大量财富。1895年,诺贝尔立嘱将其遗产的大部分(约920万美元)作为基金,用每年的利息,授予世界各国在这些领域对人类作出重大贡献的人。他在遗嘱中说:“……以这份基金成立一个基金会,将资金所产生的利息每年奖给在前一年中为人类作出杰出贡献的人。”诺贝尔为科学奉献了一生,诺贝尔奖则永远促进世界科学文化事业的发展。

【钟南山】

新冠肺炎疫情让2020年春节蒙上了一层阴霾,每天都在增加的确诊病例,脱销的口罩,全面严阵以待的医务战线,让很多人想起了17年前抗击非典第一线的呼吸病学专家钟南山院士。84岁高龄的钟南山在镜头前对所有人说完“没有特殊的情况,不要去武汉”,然后自己就坐上了从广州前往武汉的高铁,星夜赶路。不顾自身安危来到最危险的第一现场,一如2003年非典暴发之时一样!他被称为病毒中的逆行者,最帅逆行!受到全国人民爱戴。

这位老人忧国忧民、热爱祖国、积极创新、探索科学。他以身示范,诠释了爱国、进步、民主、科学的含义。钟南山院士从不人云亦云,在数据攀升,阴云袭上心头的日子,他通过新华社融媒体发言,朴素的言语,安稳了无数人的情绪。脑海有科学,胸中有祖国,疾难又何惧!钟南山带领医务团队不懈努力、鞠躬尽瘁,完美地诠释了家国情怀与科学精神。钟南山院士用自己的知识造福人民,这是在劳动和奉献中创造价值的最完美的体现。

习近平总书记说:“只有奋斗的人生才称得上幸福的人生。”新时代是一个英雄辈出、建功立业的好时代,青年人生逢其时,要不负青春、不负韶华、不负时代,珍惜时光,好好学习,掌握知识和本领,树立正确的世界观、人生观和价值观。做好人生规划,系好人生第一粒扣子,为实现中华民族伟大复兴贡献做出贡献。

2019 年 9 月 30 日，习近平总书记在人民大会堂会见刚刚获得 2019 年日本女排世界杯冠军的中国女排队员和教练员代表时讲道："广大人民群众对中国女排的喜爱，不仅是因为你们夺得了冠军，更重要的是你们在赛场上展现了祖国至上、团结协作、顽强拼搏、永不言败的精神面貌。"这就是新时代女排精神。

为何一个体育项目、一个排球运动员群体所体现的人生价值如此之大？因为自 1981 年中国女排取得首个世界冠军之后，举国上下心潮澎湃，亿万观众热泪盈眶。中国女排"五连冠"，万人空巷看女排。"女排精神"代表着一个时代的精神，也喊出了为中华崛起而拼搏的时代最强音。"女排精神"之所以成为中华民族精神的象征，最根本的原因正是中国女排为国争光、顽强拼搏的责任感和使命感，面对任何对手，胜不骄败不馁，始终把为国争光放在第一位。中国女排建队之初，在训练场的墙上就贴着"为国争光"四个大字，这就是中国女排的初心和使命。正是因为女排队员们胸怀对祖国的赤子之心，胸怀为国争光的满怀豪情，才不断激励着中国女排姑娘创造了世界大赛"五连冠"的辉煌成就，也创造了今天"三大赛"十冠王的壮举。

女排主教练郎平曾说："只要穿上带有'中国'二字的球衣，就是代表祖国出征。每一次比赛，我们的目标都是升国旗、奏国歌。"这就是祖国至上的荣誉感，这就是国家利益高于一切的生动写照。

2019 年 12 月，新冠肺炎疫情肆虐武汉，并迅速蔓延开来，人民生命安全受到严重威胁。在未知的病毒面前，数万名医护人员驰援武汉，吹响了全民抗疫的冲锋号，用了短短的三个月的时间取得了武汉保卫战、湖北保卫战的决定性成果。

每一个人都是这场伟大战疫的一分子，无论在一线、在基层、在社区，还是在疫情防控的每一个岗位，只要党中央一声令下，全国人民心往一处想，劲往一处使，就没有战胜不了的困难，没有翻越不了的高山。这充分展现了中国共产党的领导和我国社会主义制度的优越性，充分展现了中国人民和中华民族的磅礴力量,充分展现了五千年中华文明的深厚底蕴,充分展现了中国负责任大国的勇气和担当,抗疫重大胜利极大增强了全党全国各族人民的自信心、自豪感、凝聚力和向心力。这不正是个人价值和社会价值的高度统一的完美写照,是个人主义和集体主义的高度融合吗?我们青年一代一定要提高思想认识,在习近平新时代中国特色社会主义思想的引领下,努力创造高质量的生活和有价值的人生。

第三节 “我为人人、人人为我”:人生价值的实现途径

一、人生价值的实现是社会环境和自我价值追求的综合体

人是社会的人,离不开生存和活动的各种各样的社会关系,同时也受到一定社会关系的制约。在每个人的一生历程中,人们会根据自己的人生设想选择自己的人生道路,并通过一定的方式来实现自己的人生目的,每个人又具有独立思考能力,以独特的思想和行为赋予生活实践以个性特征。所以,任何个体的人生价值不可能单独存在,只能建立在一定的社会关系和社会条件基础之上,并在错综复杂的社会中得以实现。如果离开一定的社会基础,一个人就不能作为个体而存在,当然也无法创造出自己的人生价值。

前面提到,人的社会性决定了人生的社会价值是人生价值的最基础内容。一个人的生活具有怎样的价值,从根本上说是由所存在的社会环境所决定的,反过来说,社会对于一个人的价值评判,也主要是以他对社会所做的贡献大小为标准。个体对社会和他人的生存和发展贡献越大,其人生的社会价值也就越大。反之,价值就越小。

人生受到各种各样的社会关系制约,从主观层面来看,人也许能够按自己的意愿去创造属于自己的人生历程,但客观上,个人的这些人生意愿

在多大程度上能够遂愿，不是个人的主观意愿能决定的，而是要受到社会关系等诸多因素的制约。正如罗曼·罗兰所说："生命不是一个可以孤立成长的个体。它一面成长，一面收集沿途的繁华茂叶。它又似一架灵敏的摄像机，沿途摄入所闻所见。每一分、每一寸的日常小事，都是织造人格的纤维。环境中每一个人的言行品格，都是融入成长过程中的建材，使这个人的思想感情与行为受到感染，左右着这个人的生活态度。环境给一个人的影响，除有形的模仿以外，更重要的是无形的塑造。"人生价值体现在人的生命及其实践活动对于社会和个人所具有的作用和意义。人生价值包含自我价值和社会价值两个方面。

党的十八大以来，习近平总书记高度重视青年工作，在一系列重要讲话、重要指示和给青年的回信中形成了关于青年成长成才的重要思想、重要论断和方法，为青年一代实现人生价值指明了方向。

同时，习近平总书记也率先垂范，用自己的实际行动诠释了人生价值的意义，为青年人树立了学习的榜样。1969 年至 1975 年，习近平在陕西省延川县文安驿公社梁家河村插队期间，同乡亲们一起劳动、生活，和乡亲们成了一家人。在插队期间，习近平和知青们经历了"跳蚤关""饮食关""生活关""劳动关"和"思想关"五关，历时七年，带领当地老百姓解决了村民们一系列的劳动和生活需求问题。艰苦的生活环境磨灭不了习近平"为老百姓办实事"的远大抱负，他始终不忘初心、以苦为乐、坚持学习，把自己的人生价值和老百姓的幸福追求紧密结合在一起。

20 世纪 60 年代，雷锋精神成为全国人民学习的榜样。尽管社会飞速发展，人们的物质文化生活水平有了较大提高，但是雷锋精神在中华民族伟大复兴的伟大征程中仍然散发着不可磨灭的耀眼光芒。雷锋精神永不过时，他把"全心全意为人民服务""一辈子做好事"作为自己的人生追求，他在帮助他人、义务奉献中享受自己的人生乐趣，这种大公无私的道德情操和对人生价值的崇高追求，在市场经济快速发展的时代下显得多么稀有和珍贵。"做一颗永不生锈的螺丝钉"很好地诠释了雷锋同志对个人与集体关系的理解，历史一再证明，只要胸怀家国、志存高远、无私奉献，每个人都会成为别人眼中的“雷锋”。

人生价值观的核心内容是确立自己的人生价值目标。所谓人生价值目标是指人在价值实现的过程中所确立的行为指向。一般来说，一个人价值目标确定的层次越高，对人生价值追求的责任感就越强烈，为实现人生价值目标所获得的驱动力就越大，为实现人生价值而克服困难的意志就越坚定，而最终使人生价值实现的程度就越高。①

社会环境的不同直接影响到不同时期的个人价值体现形式。几千年来，无数仁人先贤都在不同的社会环境中实现自己的人生目标，在漫长的历史长河中，逐渐形成了“先天下之忧而忧，后天下之乐而乐”的政治抱负，“位卑未敢忘忧国”“苟利国家生死以，岂因祸福避趋之”的报国情怀，“富贵不能淫，贫贱不能移，威武不能屈”的浩然正气，“人生自古谁无死，留取丹心照汗青”的献身精神，这些都是个人价值的体现。

春秋时期，孔子把“仁道”作为自己的最高价值目标，在精神层面“求仁”，在实践层面“为仁”，不仅强调学习的重要性，还要做到身体力行。孔子说：“君子欲讷于言而敏于行”（《论语·里仁》），“先行其言而后从之”（《论语·为政》）讲的就是少说话多做事这个道理。

近代以来，中国共产党带领中国人民推翻三座大山，建立人民当家做主的人民共和国。以毛泽东同志为代表的中国共产党人所追求的价值目标决定了中国的前途命运和中国人民的翻身得解放。毛泽东从少年起就立志成才，写出了“孩儿立志出乡关，学不成名誓不还。埋骨何须桑梓地，人生无处不青山”的著名诗句，在革命战争时期，他始终把全心全意为人民服务作为自己的人生目标。1944 年 9 月 8 日，毛泽东在延安中央警备团战士张思德追悼会上发表《为人民服务》的著名演讲，号召全党、全军和全国人民学习和发扬张思德同志全心全意为人民服务的革命精神，集中表达了共产党人的人生目标。

在现代社会中，人的价值体现仍然和社会发展紧密相连。对于职业运动员来说，人生的自我价值，体现个人和社会两个层面。从个人角度来

① 阮青. 论孔子人生价值观. [J]孔子研究，1996(12)：22-27

说，运动员经过系统训练后掌握一项或几项运动技能，首先达到了强身健体的目的，又可以在赛场上通过展示体能、技能、战术、心理、智力等竞技要素，击败对手，赢得胜利。另一方面，通过运动员赛场上的精彩表现、刻苦顽强的训练经历、永不服输的精神状态，向人们展示更高、更快、更强的奥林匹克精神，激励和带动全社会各行各业开拓进取、砥砺奋进，推动社会更快更好地发展，这就是人生价值在社会层面的体现。

在人的社会性和群体性的基础上，一个人的个人价值与社会价值是往往是同时存在的，既体现了个人价值，也会带来一定的社会价值。1999年，以马云为代表的18人在杭州创立了阿里巴巴集团，历经21年，阿里巴巴集团不断发展壮大，成为中国首屈一指的互联网企业，实现了自己当初创业的宏伟目标，实现了个人的价值。同时，阿里巴巴集团每年为国家创造了几千万个就业岗位，纳税几百亿人民币，为国家和社会发展作出了重大贡献。这就体现了个人价值和社会价值的统一。

二、人生价值的实现途径

从个人主观层面讲，人生价值的创造是个人长期的努力和奉献的结果。同时，人生价值的实现，则需要在个人与他人、个人与集体、个人与社会的统一实践中得到印证。如何实现人生价值，需要从以下四个方面入手。

1. 坚持知识学习和加强思想修养相统一

当今世界是知识飞速发展的时代，知识迭代更新，信息日新月异，社会对于人才的需求也显得尤为迫切。学习科学文化知识是大学生的首要任务，面对激烈竞争的市场经济形势和社会需求，树立远大目标，砥砺奋进、开拓进取，掌握更多的现代科学文化知识。在学习科学文化知识的同时，更要注重加强个人修养，提高个人素质，努力树立正确的世界观、人生观和价值观。只有这样，才会更有效地实现自己的人生价值，只有这样才能具备成长成才和自我价值实现的基础。

当代中国青年运动的时代主题是为实现中华民族伟大复兴的中国梦

而奋斗，这也是全国人民的共同理想。习近平总书记在十九大中指出：“青年兴则国家兴，青年强则国家强，青年一代有理想、有本领、有担当，国家就有前途，民族就有希望。”党的十八大以来，习近平总书记对青年成长成才问题作出了一系列重要论述。这些重要论述，为当代青年成长成才指明了方向，也明确了广大青年追逐梦想的历史担当。中华民族伟大复兴的中国梦是全国各族人民的共同理想，也是青年一代应该牢固树立的理想追求。中国特色社会主义是我们党带领全国人民历经千辛万苦才找到的实现中国梦的正确道路，也是当代青年应该牢固确立的人生信念。实现“两个一百年”奋斗目标的历史进程，将贯穿千千万万当代青年成长发展的全过程，“全面建成小康社会，广大青年是生力军和突击队”，“中华民族伟大复兴的中国梦终将在一代代青年的接力奋斗中变为现实”，以上论述是习近平总书记对青年地位和历史作用的新定位新要求，科学阐释了当代青年承担的历史使命和肩负的时代责任。

1969 年 1 月，不满 16 岁的习近平来到陕北梁家河村插队。在七年知青岁月里，他“看到了人民群众的根本，真正理解了老百姓”，也坚定了为老百姓办实事、办好事，为人民奉献自己的理想信念。

1974 年 1 月，时任大队党支部书记的习近平一直琢磨着如何能改变梁家河面貌，提高村民们的生活质量。一天，他在《人民日报》上看到了四川大办沼气的新闻报道。他立即赶到四川学习考察，回来后开始着手试验办沼气。但是，困难一个接着一个，远比想象得多。因为村民的院落都是打窑洞时用土填起来的，土质松软，不适宜挖沼气池，池子到底在哪里建？另外，沼气池的池盖对石板的厚度和整体性要求很高，梁家河没有这样的石板，又该怎么办？村里村外的道路曲折狭窄，运送水泥砂石的架子车没法通过，材料又该怎么运？一系列的困难摆在面前。

习近平心怀一定要把沼气办成的坚定信念，他一个一个地解决难题。经过反复测量，试验池最后选在了知青居住点旁边，这里的土壤密度相对要大一些，基本能够满足挖沼气池的要求。没有石板，习近平带人在烂泥滩里铲去一米多厚的土层，硬是从泥地里挖出了石头。为了解决运输难题，他还带着几个青年去村外挖沙子，一袋一袋往回背，虽然背上磨破了皮，但是没人喊一声累。

在习近平的执着努力下，梁家河的沼气池终于建成了。这也成为陕西第一口沼气池。多年后，习近平回忆这段经历时说："第一口池子是颇费工夫的，一直看到这个沼气池两边的水位在涨，但就是不见气出。最后一捅开，溅得我满脸是粪，但是气就呼呼地往外冒。我们马上接起管子后，沼气灶上冒出一尺高的火焰。"正是习近平始终胸怀"为人民办实事"的理想信念，不忘为民初心，牢记宗旨使命，任何困难挫折都不会阻碍前进的脚步。

2. 坚持理论知识与社会实践相统一

习近平总书记在中共中央党校建校 80 周年庆祝大会暨 2013 年春季学期开学典礼的讲话中强调："中国共产党人依靠学习走到今天，也必然要依靠学习走向未来。我们的干部要上进，我们的党要上进，我们的国家要上进，我们的民族要上进，就必须大兴学习之风，坚持学习、学习、再学习，坚持实践、实践、再实践。"实践是检验真理的唯一标准，特别是当代大学生更要发扬理论联系实际的马克思主义学风，不能让学习脱离实践，否则将会成为无本之木，无源之水。

中国共产党人在建党初期就不断探索国家发展的方向，以马克思主义中国化的理论和实践成果不断推进社会主义建设的进程。实践的观点是马克思主义哲学的核心观点，马克思主义认为，人类全部社会活动都离不开实践，一方面，人类认识自然界是通过实践—认识—实践的反复过程中不断进步的，实践决定认识，是认识的源泉。另一方面，认识对实践也会产生反作用，正确的认识可以推动正确的实践，错误的认识可以导致错误的实践。

青年学生在理论学习过程中要重视实践教育，知识离不开实践的检验，否则，脱离实践的知识就会成为无源之水、无本之木。要坚持理论知识与社会实践的统一性，做到学以致用。另外，在实践过程中，要注意吸收正向反馈，把实践过程中获得的经验教训带到理论学习中来，以便于更好地提高学习效率，调整学习方向。

3. 坚持自身价值与家国情怀相统一

诗人艾青有句名言："为什么我的眼里常含泪水，因为我对这土地爱得深沉。"他对于土地的爱是家国情怀的深切体现，家国情怀是一种源自内心的质朴情感，也可说是我们每个人的立身之本。对于当代青年来说，只有常怀感恩之心、砥砺家国情怀，才能自觉地把个人的前途命运与国家、民族、社会紧密地融合在一起。家国情怀深深植根于我们每个人的灵魂之中，内化于心、外化于行，铭刻于骨、融化于血，既体现为一种民族大义，也是世代接续传承的文化传统。

《礼记·大学》中说的："修身、齐家、治国、平天下"，屈原的"路漫漫其修远兮，吾将上下而求索"，范仲淹的"先天下之忧而忧，后天下之乐而乐"都是家国情怀这一文化基因的世代传承。

胡锦涛同志在邓小平一百周年诞辰纪念大会上对概括邓小平一生"三起三落"时说道："邓小平无私无畏、光明磊落，始终把为党和人民的事业顽强奋斗作为执着的人生追求，把自己的一切献给了党和人民。"

邓小平同志曾说："我是中国人民的儿子，我深情地爱着我的祖国和人民。""文化大革命"期间邓小平两次陷入逆境仍然重新出来工作，不顾个人荣辱得失，冒着再次被打倒的风险，力挽狂澜，大刀阔斧地整顿"文化大革命"以来所造成的严重混乱局面，他领导全面整顿的业绩和他在整顿中表现出的铮铮风骨，赢得了党心、军心、民心。当他被错误地打倒和含冤蒙屈时，既不怨天尤人，也不心灰意冷，而是不屈不挠、沉着坚韧，坚守对党和人民无限忠诚，愈发激起探索真理的勇气，更加深入思索中国革命和建设的经验教训和根本规律问题，决心要有新的更大作为。邓小平之所以有坚强的理想信念做支撑，正是因为他始终胸怀祖国和人民，始终把党和人民的事业放在至高无上的位置。

4. 坚持远大理想与艰苦奋斗相统一

新时代青年要牢固树立为国家建设和为人民服务的远大理想，坚定对马克思主义的信仰、对中国特色社会主义的信念、对中华民族伟大复兴中国梦的信心,扎根基层,到人民群众中去,到新时代、新天地中去,把个人奋斗与国家富强、人民幸福紧密联系在一起,让理想信念在创业奋斗中升华,让青春在创新创造中闪光。

1950 年 10 月,中华人民共和国刚刚成立不久,面对美国疯狂侵略朝鲜,危害我们国家安全,中国人民志愿军毅然跨过了鸭绿江,与朝鲜人民群众一起,同侵略者进行艰苦卓绝的斗争,在“敌强我弱”的背景下,广大军民凭借顽强的斗志,历时三年,最终取得了斗争胜利,展现了中国军人不畏强敌、艰苦奋斗、攻坚克难、视死如归的英雄气概。

抗美援朝战争爆发时,刚刚成立的新中国还十分贫穷落后,尤其是武器装备方面,远远落后于美帝国侵略者。但是,这并没有影响到志愿军的斗争信心,志愿军的战斗环境非常艰苦,吃不饱、穿不暖,甚至负伤也坚守在前线,经受了许多磨难。最终抱着随时献身精神,勇往直前、绝不后退,依靠顽强的意志战胜了敌人。书写了一曲曲可歌可泣的英雄赞歌。志愿军何以爆发出如此惊人的精神力量?原因只有一个——不希望积贫积弱的历史重演,不希望新中国再被侵略。

抗美援朝战争的胜利告诉我们,崇高的理想信念是支撑人们行动的精神动力,越是在艰苦条件下,这种精神动力所迸发出的能量越是超乎想象,无法阻挡。

在实现人生价值的同时,我们要正确处理好以下几个关系。

(1)“为自己和为他人”的关系

人是社会性动物,脱离了群体,人几乎就不可以称为人。一个人的人生价值可以由自己通过努力来实现,既达到了自己预设的追求目标,也可以理解为所谓的“成功”。但是,个人的价值也与社会、他人密切相连,个人价值的作用力要依靠社会和他人的反作用力来实现,脱离了社会也就没有价值可言。因此,个人价值不能是自私的、孤立的、片面的,一定要与为他人、为社会创造价值联系在一起,这样的价值才有意义。

(2)物质贡献和精神贡献的关系

人生的真正价值在于对社会的贡献,物质贡献和精神贡献是辩证统一的两个方面。从表象来看,物质贡献是有形的,容易被人们所看到,精神贡献是无形的,容易被忽略。其实,在一定条件下,精神贡献可以转化为物质贡献,例如,人们创造的精神产品以及为社会贡献的思想境界、劳动态度和服务精神,可以对社会劳动者起到激励作用,推动社会生产力水平更快发展,产生更大的物质贡献。只有坚持物质贡献与精神贡献的统一,才能够创造最优价值的人生。

(3)物质利益与人生价值的关系

物质利益是指个人、集体、国家或社会赖以生存和发展的物质条件的总和。物质利益通常是指人们对消费资料的占有,表现在吃、穿、住、用、行等几个方面,它是人们赖以生存和发展的实际条件。人生价值的体现既满足于个人价值目标的追求,也要符合社会和他人利益的需要,在实现人生价值的过程中,对于物质利益的获取不能有损于社会和他人的利益,要做到互利共赢、共同发展。